中国支付清算

2022 年第 2 辑　总第 14 辑

中国支付清算协会◎编

中国金融出版社

责任编辑：黄海清
责任校对：李俊英
责任印制：张也男

图书在版编目（CIP）数据

中国支付清算.2022年.第2辑/中国支付清算协会编.—北京：中国金融
出版社，2022.7
ISBN 978－7－5220－1672－6

Ⅰ.①中…　Ⅱ.①中…　Ⅲ.①支付方式—研究报告—中国—2022
②货币结算—研究报告—中国—2022　Ⅳ.①F832.6

中国版本图书馆 CIP 数据核字（2022）第 114254 号

中国支付清算.2022年.第2辑
ZHONGGUO ZHIFU QINGSUAN. 2022 NIAN. DI-2 JI

出版
发行　　**中国金融出版社**

社址　北京市丰台区益泽路 2 号
市场开发部　　（010）66024766，63805472，63439533（传真）
网 上 书 店　www.cfph.cn
　　　　　　　（010）66024766，63372837（传真）
读者服务部　　（010）66070833，62568380
邮编　100071
经销　新华书店
印刷　河北松源印刷有限公司
尺寸　185 毫米 ×260 毫米
印张　11.75
字数　200 千
版次　2022 年 7 月第 1 版
印次　2022 年 7 月第 1 次印刷
定价　40.00 元
ISBN 978－7－5220－1672－6
如出现印装错误本社负责调换　联系电话（010）63263947

声　明

　　向《中国支付清算》投稿即视为授权本书将稿件纳入本书确定的相关学术资源数据库和网站、微信公众号，包括但不限于中国支付清算协会官方网站（http：//www.pcac.org.cn）和微信公众号（"中国支付清算协会"）对外传播。本书支付给作者的稿酬已包含上述数据库和网站、微信公众号著作权使用费。如有异议，请在来稿时注明，本书将作适当处理。

　　投稿文章须为原创作品，严禁抄袭，文责自负。刊稿仅反映作者个人的观点，并不代表《中国支付清算》主办单位立场。

目　　录

1

◈ **政策传递**

高层视角

踔厉奋发　攻坚克难
推动协会工作再上新台阶

文/范一飞*

摘要： 本文阐述了中国支付清算协会（以下简称协会）助力支付产业高质量发展取得的成效，分析了协会实现自身高质量发展仍需攻坚克难，强调协会要继续锐意进取、主动作为，进一步发挥沟通桥梁、行业引领、社会动员等作用，始终坚持党的领导，推动履职取得实效，科学规划未来发展，助力支付产业高质量发展。

关键词： 支付产业　协会　高质量发展

一、协会助力支付产业扎实迈进高质量发展

近年来，我国支付产业高质量发展乘势而上、砥砺前行。支付市场秩序不断规范，支付服务质效持续提升，支付清算系统稳健运行，社会资金循环顺畅高效。支付产业对国民经济的支撑作用更加明显，社会公众支付服务的获得感、满足感、安全感显著提升。协会作为支付产业的自律组织，坚决贯彻落实党中央、国务院决策部署，积极履行自律、维权、协调、服务职责，努力发挥好政府监管与市场之间的桥梁纽带作用，与产业各方合力推动我国支付产业步入高质量发展阶段，履职成效显著。

---

* 作者单位：中国人民银行。本文根据作者在中国支付清算协会第四届会员代表大会暨第四届理事会、监事会第一次会议上的发言整理。

（一）服务实体经济和民生改善成效不断提升

协会坚持为民理念，牢记"国之大者"，切实提高政治站位，将"两个维护"落实在具体行动上。

一是服务实体经济。通过自律机制引导支付清算行业向实体经济让利，降低实体经济经营成本。认真落实降低小微企业支付手续费的安排部署，加强宣传引导，发布降费工作自律规范，建立健全自律管理机制，积极组织会员单位落实降费工作，推动会员单位累计为各类市场主体减少手续费支出近 70 亿元，其中惠及小微主体近 50 亿元，降费工作取得阶段性成效。

二是践行支付为民。协会会同会员单位在涉赌涉诈"资金链"打击治理和宣传教育等方面做了大量工作，行业联防联控机制初步建立，累计排查出涉赌账户 3.9 万个、涉赌商户 2700 余个，拦截疑似涉赌资金 53.54 亿元。持续完善举报奖励制度，提高举报案件处理效率，社会监督作用日益增强，行业合规理念、合规能力逐步提升，举报率连年下降。

（二）服务会员工作水平不断提高

随着支付产业新技术、新产品、新业态的不断涌现，会员需求也不断更新，协会秉持服务为本的理念，努力推出更多更新更高质量的会员服务。

一是信息和数据服务持续优化。推出客户身份实名认证综合服务，拓宽会员单位客户身份实名验证渠道，切实降低会员单位认证成本，目前日均认证业务量近 10 万笔。优化业务统计系统，丰富统计数据指标体系，建立完善数据报送考核机制；面向会员单位推出年度和季度数据分析报告，帮助会员单位把握业务发展整体趋势。

二是培训和智力服务升级换挡。开展监管政策解读培训，推出远程线上培训。2019—2021 年共开展培训 63 期，130 余万人次参与，培训覆盖面和影响力不断扩大。总结提炼 63 个可疑支付交易监测规则，为会员单位构建涉赌涉诈资金交易监测模型、实施风险在线监测提供智力支持。

三是资讯和研究服务推陈出新。改版支付产业年报、完善支付清算行业社会责任报告、发布监管科技发展报告、出版《中国支付清算》，资讯服务质量和影响力不断提升。充分发挥行业智库作用，加强行业调研，强化成果应用。

（三）服务监管工作力度不断加大

自律管理是支付产业监管的重要组成部分，是政府监管的重要补充。近年来，协会积极配合监管部门，扎实开展行业自律管理。

一是发挥自律管理机制合力。综合运用自律规范、自律评价、自律检查、举报奖励、金融科技产品检测认证管理等手段，引导会员单位合规经营、规范发展。2019 年以来，协会制定《人脸识别线下支付产业自律公约》等自律规范近20 项；每年对 200 余家支付机构开展自律评价；自律检查实现对支付机构、银行机构和外包服务机构的全覆盖；分类处置支付违规举报案件 1 万余件，发出风险提示 110 余次。

二是强化外包服务机构管理。建立收单外包服务机构评级体系，2019 年以来，累计发布 2 万家次外包机构的评级等级，组织会员单位有序取消评级为 E 级的机构合作，优胜劣汰作用日益凸显。2020 年以来，组织会员单位建立收单外包服务机构备案管理机制，为规范收单市场奠定基础。截至 2022 年 3 月底，已备案机构 1.3 万家，正向激励成效明显。

三是深化行业风险联防联控。建立行业风险信息共享联防机制，深化行业风险信息共享，截至 2021 年底，累计记录有效风险信息近 70 万条，推送商户黑名单信息近 3 万条。升级改造特约商户信息管理系统，满足收单机构商户准入审核与风险防控需求。

2019 年以来，我国支付产业保持快速、健康发展，得益于党中央的坚强领导，得益于我们"政府监管、行业自律、社会监督、公司治理"四位一体的监管体系，得益于产业各方通力协作。

二、协会实现自身高质量发展仍需攻坚克难

在肯定成绩的同时，我们也要清醒地认识到支付产业存在的问题和挑战，如服务实体经济水平有待提升、市场结构有待优化、合规能力建设有待完善等。这对包括协会在内的产业各方提出了更高要求，协会必须正视问题和挑战，聚焦痛点难点，坚持稳中求进，以自身的高质量发展服务产业和国家高质量发展大局。

（一）落实党中央决策部署对协会自身高质量发展提出更高要求

习近平总书记强调，要心怀"国之大者"，站在全局和战略高度想问题、办事情，一切工作要以贯彻落实党中央决策部署为前提。金融是国家核心竞争力，支付产业是大国博弈的重要聚焦点，协会作为自律组织，使命光荣、责任重大。

不折不扣地落实好党中央决策部署，是协会实现自身高质量发展的重要体现。

落实好党中央决策部署需要凝聚力量、苦干实干，需要沟通上下、协调左右。前期，协会在落实反赌反诈、降费让利等工作中措施有力、成效明显，形成了许多好的经验做法，希望继续保持、再接再厉。同时，协会要在落实党中央决策部署中形成积极行动、务求实效的工作作风，提高政治担当、优化工作机制、锻炼干部队伍、增强履职能力，实现协会发展的质量变革、效率变革和动力变革。

（二）支付产业发展演进给协会自身高质量发展提出更多考验

回顾支付产业的发展历程，可以清楚地看到，正是由于我们能够在不同的发展阶段找准角色定位、契合时代需求，支付产业才得以在服务发展全局中茁壮成长。伴随支付产业的发展演进，支付服务分工更加细化，业务处理主体链条更加复杂，对协会未来发展提出更多考验。协会的优势在于作为会员之家，贴近会员单位，能够及时感知会员经营变化；贴近政府监管，能够及时反馈市场动态，特别是苗头性、倾向性问题，帮助政府监管抓早抓小。这些优势要想在新形势下不断发扬光大，就必须强化协会的"传感器"角色和调查研究、分析研判能力，需要协会走进会员单位等支付服务供给方，走进广大单位和个人等支付服务需求方，开展广泛深入的调查研究，及时掌握支付服务市场供求变化，从市场主体的数量突变和需求细变感受市场结构变动的强大力量，为政府监管提供有价值的决策参考。

（三）国内外形势对协会自身高质量发展提出更严挑战

面对世界百年未有之大变局，支付产业各方都要切实增强机遇和忧患意识，牢固树立底线思维，强化前瞻性思维，对困难和风险估计得更充分、思考得更深入，确保金融"管道"、经济"血脉"持续高效运转。协会作为支付产业重要一环，在自身建设上还存在短板。

首先，协会的核心能力尚未完全形成。协会在核心能力建设方面下了很大功夫，部分具有发展潜力的业务板块正在显现，但整体上还没有形成支撑自身长远发展的核心能力，需要持续发力、久久为功。要整合各类资源，建立长效机制，在核心能力培养、拳头产品打造、未来生命线构建之路上行稳致远。其次，协会的会员服务水平还有待提高。协会会员规模不断扩大，已覆盖主要的银行机构、金融基础设施运营机构、大部分支付机构，以及部分财务公司、金融科技公司等，客观上要求协会不断提高差异化会员服务水平，满足各类会员的服务需求。最后，对社会公众的宣传教育任务日益繁重。数量庞大的社会公众作为需求主体正在深刻影响我国支付产业的发展，同时也存在部分群众支付结算知识薄弱、安全支付能力欠缺等问题，协会在这方面应当发挥更加重要的作用。

三、协会要勇挑支付产业高质量发展重任

支付产业高质量发展，犹如逆水行舟，不进则退，需要坚持不懈、持续推动。协会要继续锐意进取、主动作为，进一步发挥沟通桥梁、行业引领、社会动员等作用，助力支付产业高质量发展。

（一）推动履职取得实效

支付产业高质量发展要坚持稳中求进。特别是 2022 年我们党将召开第二十次全国代表大会，产业各方都要"稳字当头"，保稳定、优服务、严监管、防风险。协会要履行好自律职责，着眼支付服务供需主体同时发力，强化自律作用发挥。

一是深入开展支付领域反垄断研究。结合我国支付产业的发展演进和实际情况，借鉴国外反垄断实践，及时提出我国支付领域反垄断、防止资本无序扩张的政策建议，发挥资本作为生产要素的积极作用，控制其消极作用，为设置"红绿灯"和反垄断常态化工作提供有效参考。

二是强化反赌反诈资金链治理。组织会员单位广泛开展反赌反诈宣传活动，提高全民反诈拒赌意识。坚持综合施策、防治结合，充分发挥自律检查、举报调查、风险排查、信息共享等自律管理机制的合力，进一步强化对跨境赌博和电信网络诈骗的联防联控。

三是做好收款码规范后续工作。组织会员单位完善方案和保障措施，稳妥推进收款码规范工作落实和服务优化。坚持以人民为中心，推动会员单位持续完善收款码服务功能，增强条码支付安全性，提供更加精准和便捷的支付服务，维护好用户合法权益，营造良好的市场环境。

四是全面加强行业数据保护。产业各方要积极行动，提高法制意识，严格落实《网络安全法》《数据安全法》《个人信息保护法》等法律法规，在保障数据安全的前提下，促进数据开发利用。压实数据安全责任，坚持"谁授权谁负责、

谁采集谁负责、谁使用谁负责、谁保管谁负责",杜绝未经授权采集、存储、使用相关数据和个人信息甚至牟利的行为。

五是加强外包服务机构监督管理。协会要做好备案管理的后半篇文章,强化宣传培训,提高外包机构和从业人员合规经营意识;结合自律检查、举报奖励,督促外包机构规范经营、创新发展。商业银行、支付机构要切实落实收单主体责任,督促外包机构持续符合监管政策和自律管理要求。

(二)科学规划未来发展

过去三年为协会未来发展打下良好的组织基础、制度基础和管理基础。未来几年是协会发展的又一个重要时期,要科学制订发展规划,统筹考虑好以下重点问题。

一是做好评估、问策和执行。实事求是地评估过去规划的执行情况、存在问题,在新的发展规划中注意避免。坚持问题导向、开门问策,着眼协会高质量发展痛点和产业各方关切,组织会员机构和相关智库深入讨论,在广泛听取意见的基础上,就协会高质量发展拿出硬招实招。要狠抓落实、强化督办,抓铁留痕、踏石留印。

二是统筹干部人才队伍建设。加大人才队伍建设是实现协会高质量发展的关键一招。要不拘一格降人才、育人才、用人才、留人才,加大老中青人才梯级储备。人民银行将继续支持协会发展和干部人才成长,也希望会员单位从专委会履职、业务培训、重点工作开展等方面,继续加强对协会的力量支持,共同建设履职高效、协力奋进的会员之家。

三是正确处理几个方面的关系。要正确处理政府和市场的关系,使市场在支付领域资源配置中起决定性作用,更好地发挥政府作用;正确处理自律组织与产业整体的关系,善于在推动产业高质量发展中实现自身高质量发展;正确处理自律管理与落实党中央决策部署的关系,做到在落实党中央决策部署中完善自律管理、推动高质量发展。

(三)始终坚持党建引领

协会要坚持党的全面领导,不断强化政治引领,修订完善协会《章程》,进一步明确党组织在治理结构中的地位和作用。深入推进全面从严治党,探索开展行业联学联建,以实际行动践行"两个维护"。坚持党建和业务两手抓、两手硬,促进党建与业务深度融合,推动行业治理取得实效。

　　一是充分认识支付产业发展的政治性。支付产业是经济金融发展的基础和命脉，事关社会稳定和国家发展大局，必须坚持党的领导，强化支付产业自律管理的政治担当。协会要组织会员单位抓监管政策落实、促支付产业改革、谋支付产业发展。要强化全面从严治党，坚持严的主基调不动摇，压紧压实"两个责任"，加强对本级和所属党组织的监督。要开展支付清算行业廉洁文化建设，持续推动相关会员单位夯实党建工作薄弱环节，有针对性地开展警示教育。

　　二是充分认识支付产业发展的人民性。支付产业发展涉及千家万户，社会公众在我国支付产业发展中发挥着举足轻重的作用，支付服务的人民性更加突出。这就要求产业各方要充分考虑百姓需求和利益，以合理、适当、可得的方式，充分征求其意见。做到支付为民，不仅仅是打击支付领域违法犯罪，保护老百姓的钱袋子，还要以更实的举措，促进支付领域的民主、法治、公平、正义等。

　　三是认真做好巡视整改工作。协会要切实履行整改主体责任，把巡视整改作为重要政治任务，认真学习落实习近平总书记关于金融工作的重要论述、关于巡视工作的重要讲话精神，以自我革命的精神，对照巡视反馈问题，把自己、职责和工作摆进去，认真检视存在的不足。健全整改工作机制，对查找出的问题实施台账管理，认真研究解决措施，并努力做到举一反三、标本兼治，实现以巡促改、以巡促建、以巡促治。

‖支付环境‖

中国人民银行营业管理部胸怀"国之大者"高效完成冬奥支付服务保障任务

文/北京冬奥支付环境建设运行保障指挥部办公室

摘要： 筹办北京冬奥会、冬残奥会是习近平总书记亲自决策、亲自推动的国家大事，中国人民银行营业管理部深入贯彻落实习近平总书记关于冬奥会筹办的历次指示精神，按照人民银行党委和北京市委市政府决策部署，在人民银行北京—张家口冬奥会支付服务环境建设领导小组指导下，会同全市金融系统，建机制、强沟通、促共识，事不过夜、精益求精，高质量完成冬奥支付环境建设任务。冬奥会期间，涉奥支付服务全程"零差错""零投诉""零重大风险"，牢牢守住了"金融服务不断档、疫情防控不破环"两条底线，为北京冬奥会顺利举办贡献了北京方案、北京力量。

关键词： 冬奥　支付环境　金融服务

一、提高政治站位，系统谋划推进，决战决胜冬奥支付环境建设

举办北京冬奥会、冬残奥会，是以习近平同志为核心的党中央着眼于我国改革开放和现代化建设全局作出的重大决策。冬奥支付环境建设作为冬奥会筹办工作的重要组成部分，人民银行营业管理部在人民银行总行、北京市委市政府指导下，紧密对接北京冬奥组委需求，构建冬奥支付环境建设指挥体系、运行体系和应急保障体系，统筹调度、精心组织，全力推进。北京冬奥会开幕倒计时100天，成立北京冬奥支付环境建设运行保障指挥部；倒计时50天，首创签约酒店"金融店长制"；倒计时30天，组织设立赛时运行指挥中心、各银行分中心，共

同保障赛时服务安全稳定。

一是完善组织机制，构建冬奥支付环境建设运行指挥体系。2020年10月，联合27家单位成立由北京市副市长殷勇担任组长的北京市2022年冬奥会支付环境建设领导小组。进入冬奥支付环境建设决战决胜阶段，开幕倒计时100天，牵头北京地区18家重点涉奥单位组建北京冬奥支付环境建设运行保障指挥部，成立冬奥工作专班，事不过夜、实时调度，其间累计召开调度会24次，指挥部全体大会6次，强力推进冬奥支付环境建设任务快速落地。

二是强化部门协同，高效完成闭环管理新增任务。按照闭环管理最新要求，会同北京冬奥组委及市属委办局，一个月内高效完成签约酒店本外币银行卡刷卡、ATM布放、本外币双向兑换及数字人民币受理等闭环管理新增保障任务。66家冬奥闭环酒店均可按要求提供综合金融服务，红线内34家商户259个支付场景可提供五类支付方式，中国银行3家临时网点顺利对外营业。闭环内涉奥场景布放2669台POS机具、75台ATM、17台自助兑换机。

三是首创签约酒店"金融店长制"，建立三级抓落实责任体系。建立签约酒店"金融店长制"，将66家酒店、27家医院分配给11家主办银行，形成人民银行牵头抓总、主办银行抓金融店长的三级责任体系。制订境外涉奥机构开户、硬钱包服务、境外退税、现金调配、设备维护、金融服务宣传、网络安全保障、冬奥直通车等多个专项工作方案。制作《北京2022年冬奥会和冬残奥会金融服务工作手册》，闭环前下发各主办银行和签约酒店，确保赛时调度顺畅、服务到位。

四是开辟冬奥专属"绿色通道"，提升冬奥金融服务便利度。指导中国银行开辟境外机构和个人账户专属服务及绿色通道。搭建冬奥退税绿色通道。通过贸易外汇收支便利化试点实现冬奥业务"实时办"，为相关外汇账户开立、资金汇兑等外汇业务办理提供便利。

五是多轮全流程、全业务场景实战演练，举一反三、立行立改保障金融服务精益求精。连续多次对66家酒店、27家定点医院、3家中国银行临时网点、京张高铁开展实战演练，人民银行总行及营业管理部行领导带队参加30余次，发现问题、举一反三、立行立改。

六是做好接触式支付方式疫情防控，牢牢守住"金融服务不断档、疫情防控不破环"底线。闭环期间所有签约酒店实行现金"收支两条线"，按照匡算现金需求一次备足。ATM钞箱全部装满经全额清分后的原封新券，持续监测ATM运行情况、钞量剩余。签约酒店所有现金只进不出，区分隔离，赛后完成业务结算的现金严格回笼消杀。

二、坚持精益求精，确保万无一失，筑牢赛时金融服务保障线

春节前夕，人民银行副行长陈雨露赴人民银行营业管理部视察冬奥工作、慰问干部职工，视频连线中国银行北京市分行，并作出重要指示；副行长范一飞多次主持召开两地三区冬奥支付调度会议，赛前又专门调度明确赛时保障重点。在总行指导下，人民银行营业管理部建立冬奥投诉直通车、舆情监测机制、应急处置机制三项监测处置机制，通过北京冬奥支付环境建设运行指挥中心、各银行分中心，确保赛时系统安全、服务有序、应急高效。2022 年 1 月 4 日，冬奥会启动首批闭环管理，人民银行营业管理部立即进入战时状态，将首批闭环场景作为冬奥实景演习，不断复盘总结完善，为全面闭环打下坚实基础。

一是建立赛时指挥及应急处置体系，保障运行平稳畅通。开幕倒计时 30 天，组织成立赛时运行指挥中心、各银行分中心，与多家商业银行视频连线，保障赛时指挥畅通。开通 12363 "冬奥投诉直通车"和 7×24 小时冬奥专属服务热线，保障赛时客户需求实时响应、快速解决。1 月 4 日首批闭环以来，指挥中心与各银行分中心视频连线调度 15 次。

二是全面封堵安全漏洞，密集开展网络安全及支付系统风险排查。召开网络安全保障工作推进会，完成冬奥支付受理终端风险专项摸排，组织开展漏洞扫描、渗透测试等网络安全风险排查 200 余次，全面封堵安全漏洞。做好应急保障，确保系统安全稳定运行。

三是明确收尾工作要点，稳妥做好"好来快走"收尾服务工作。组织制定签约酒店闭环收尾工作提示要点清单，做好人民币集中兑回、数字人民币硬钱包兑回、机具运行监测、ATM 存款功能开启、现金回收消杀等收尾工作。

三、坚持首善标准，工作成效显著，在冬奥大考中交出亮眼答卷

赛时期间，涉奥金融服务优质高效。冬奥支付类报道共计 3000 余篇，对冬奥支付服务给予积极评价，数字人民币成为国内外媒体关注的焦点。

一是本外币刷卡顺畅，支付系统安全平稳，现金供应充足整洁。北京闭环内涉奥场景银行卡刷卡顺畅，POS机具至少可受理四类主要外卡组织银行卡。柜面及ATM现金供应充足整洁，重点涉奥场景及延庆全域银行网点现金准备全新、充足，券别结构合理。全市1.8万台ATM 98%以上可实现外卡取现。

二是本外币双向兑换服务保障有力，外汇便利化"绿色通道"便利顺畅。签约酒店、中国银行临时网点等场景本外币现金备钞充足、兑换服务保障有力。建立特殊外汇业务办理机制，高效保障冬奥期间紧急、特殊外汇业务办理需求。冬奥退税绿色通道运行高效顺畅。

三是数字人民币精彩亮相与北京冬奥会成功举办交相辉映。冬奥会期间，数字人民币在红线内发挥了重要作用，成为红线内重要支付方式，系统运行顺畅，便捷、无接触的支付体验为疫情下的金融服务增添了亮色。截至3月16日，北京地区共落地数字人民币场景40余万个，交易金额达104.3亿元。

致广大而尽精微　　臻至善以向未来

——中国人民银行石家庄中心支行推动冬奥会支付服务环境实现新突破

文/中国人民银行石家庄中心支行2022年
北京冬奥会（张家口赛区）支付服务环境建设领导小组

摘要： 建设安全、便捷、优质、高效的金融服务环境是冬奥会顺利举办的重要保障，是党和人民交给人民银行和金融系统的光荣使命。中国人民银行石家庄中心支行认真贯彻习近平总书记重要指示精神，全面落实"绿色、共享、开放、廉洁"的办奥理念和"简约、安全、精彩"的办赛要求，组织全省金融力量勠力同心，克服冬奥会承办地张家口市崇礼区位置偏远、基础设施差、支付水平低的劣势，坚持与北京同标准、同水平，以"七坚持""七聚焦""七优化"圆满完成北京冬奥会和冬残奥会（以下简称冬奥会）张家口赛区支付环境建设和服务保障任务，为助力冬奥会成功举办交上一份优异的金融答卷，并以"七提升"展望今后金融服务工作，助力后奥运经济发展。

关键词： 冬奥会　支付环境

一、"七坚持"，勇担冬奥会支付环境建设历史使命

（一）坚持政治统领，健全组织保障

提高政治站位，深刻学习领会习近平总书记关于冬奥会筹办工作的重要指示批示精神，以全面推进落实人民银行总行冬奥会支付服务环境建设方案和指导意见为基础，2020年10月成立河北省冬奥会支付服务环境建设工作领导小组，整合力量建立金融服务环境建设工作专班，与人民银行营业管理部、省内各级政

府、各支付服务主体、辖内人民银行构建起"三横一纵"工作机制，凝聚一体化共建合力。2021年12月，联合18家相关单位成立北京冬奥会张家口赛区支付环境建设与赛时保障指挥部，组织银行机构成立指挥中心，指导张家口市中心支行压实属地责任，全力保障赛前建设和赛时服务的指挥调度。

（二）坚持政策引导，落实工作部署

在人民银行总行北京—张家口冬奥会支付服务环境建设领导小组的指导下，印发冬奥会支付环境建设实施方案、张家口赛区分区分类建设指导意见、数字人民币试点方案、签约酒店配套支付服务优化工作方案等一系列文件。组织张家口市中心支行制定奥运经济专项指标统计分析制度、张家口市冰雪产业发展指导意见、冬奥会金融服务与支付环境建设实施方案等。明确了各项工作完成时限和责任单位，为确保工作按计划推进、按要求完成提供了有力保障。

（三）坚持细化场景，压实建设责任

全面梳理细化张家口赛区185个重点建设场景，分解落实银行机构和支付机构建设主体责任。督导中国银行紧抓核心区支付场景及22家签约酒店外币兑换点建设，组织各国有商业银行快速落地22家签约酒店ATM布放任务。崇礼区沿街商户由开户银行按照"划片分区"落实建设责任，重点区域和其他区域建设场景以开户银行和贷款主办行为基础、支付机构为补充，进一步压实建设责任。

（四）坚持全面督导，保证建设进度

紧抓2021年关键之年，密切跟进场馆建设和支付场景建设情况，通过电话指导、重点约谈、会议调度、实地调研、现场督导等50余次推进行动，有力推动建设任务高效高质推进。为确保各项建设任务全方位、高标准、高质量如期落地，按照"边建设，边验收"的总体思路，对重点支付场景以"先外围，后核心"、核心区内以"建成一个，验收一个"的方式，分步开展自查与多轮督查验收，实现支付服务环境建设与冬奥会基础设施建设同步跟进、同步建设、同步验收。

（五）坚持底线思维，构建平安冬奥

指导推动全辖金融机构强化"组织领导、业务运行、应急管理、舆情监测、网络安全、服务引导、疫情防控"七方面机制建设，相关银行机构共建立健全相关制度200余项。组织全面梳理金融机构重要基础设施、重要业务系统、主要网站、重要内部管理系统和人民银行自身备案管理平台等，开展风险摸底与排查。开展全省网络保障应急演练，现场网络安全检查，实施 7×24 小时待命等举措，筑牢平安冬奥的运行基础。

（六）坚持多向发力，打造优质服务

组织举办"金融支付环境建设""冬奥会知识产权""外汇政策解读""冬奥会网络安全和信息化"等多层次专项培训，开展"防范电信网络诈骗暨金融知识普及月集中宣传"活动。组织制作 ATM 外卡服务指引，开发"金融服务指引地图"。强化发行基金调运与现金消毒，确保现钞供应和疫情防控。为做好赛时应急处置人员保障，提前协调闭环人车制证事宜，及时组织银行机构提前报送人员和车辆备案信息。

（七）坚持创新理念，高水平便民惠民

以冬奥支付环境建设为契机，坚持面向世界、面向未来、面向现代化，积极组织省内金融服务主体补缺项、强弱项，多点着力，推动新型支付和传统支付融合、本币和外币融合、线上支付和线下支付融合、现金支付和非现金支付融合，打击拒收人民币现金违法行为，丰富外币兑换途径，实现各类支付方式"都可用、都好用"，实现涉奥涉外支付服务水平跨越式提升。

二、"七聚焦"，高效完成冬奥会支付服务赛时保障

（一）聚焦党建引领，武装思想

驻崇礼工作组入驻后，立即成立临时党支部，以每日晨会为基础，深入学习贯彻习近平总书记关于冬奥会筹办指示精神，积极践行"支付为民"初心使命。在地方政府各部门通力协助下，各银行机构坚守初心、把紧方向、不讲条件、不计得失、主动作为，一以贯之、坚定不移抓部署、抓落实。临时党支部先后组织开展多次主题党日活动，凝聚力量、合力共建，发挥战斗堡垒作用和党员先锋作用。

（二）聚焦赛时指挥，前移阵地

统筹制订支付服务应急指挥工作预案，建立了由"一把手"任指挥长，省冬奥办、省金融办、省文旅厅和各金融机构共同组成的赛时应急指挥体系，制定

涵盖"值班值守、通信联络、应急处理、服务指引、疫情防控"的赛时工作手册。张家口赛区实施全面闭环后,指挥部全部前移崇礼办公。指挥部办公室成立 5 个工作小组,建立 6 项工作制度,实行 7×24 小时值守,各项工作实现高效运转。

(三)聚焦赛时服务,协调督导

多次组织召开冬奥会指挥部工作会议和冬残奥会工作部署会议,全面安排部署赛时服务保障工作。及时对接各银行机构赛时指挥中心,畅通内外部沟通协作机制,保障指挥调度、问题发现、报告决策、应急处置环环相扣、高效运转。组织各家银行机构提前准备冬奥会金融支付服务答疑手册,快捷高效回应社会公众在支付服务使用中的疑问。

(四)聚焦关键事项,及时施策

冬奥会开赛前,张家口赛区签约酒店出现外籍人士被吞卡情况,相关银行机构及时采取措施,快速高效处置,得到外籍客户赞扬并赠送徽章。人民银行石家庄中心支行以"零容忍"的态度,立即开展调查分析,积极组织银行机构及时采取在机具醒目位置张贴取卡提示、加强酒店人工引导等一系列辅助措施,有效避免了类似问题再发生。同时,针对机具设备故障处置情况下发《风险提示》,进一步提升应急处置效率。

(五)聚焦走访研判,动态跟进

通过逐一走访崇礼区 7 家银行,随机暗访银行网点服务质量,实地查看各支付场景交易情况,切实掌握各项建设与服务保障实情。认真落实"日报告、周总结"要求,全面掌握各类支付方式使用情况,了解境内外支付习惯与需求,编发工作简报,供各级领导决策与相关部门参考。强化与冬奥进程同频共振,逐日收集编发冬奥动态信息,为各部门提前做好安排提供信息支持。

(六)聚焦监测运行,提升服务

以闭环区域和崇礼区为圆心、以张家口全市金融运行为边界,全方位开展监测。对两个奥运"银行网点、收单机具、ATM、外币兑换、数字人民币"业务交易情况进行全面统计,分阶段进行业务分析。高度关注闭环管理酒店、核心区场馆等区域可能出现的突发情况,做好业务处理。及时妥善处置好各类支付服务领域突发应急事件,为赛时提供高质量支付服务。

(七)聚焦安全保障,确保万无一失

全力保障网络安全和重要基础设施平稳运行,确保各类支付清算业务和支付服务终端设备的安全性、连续性。建立健全应急预案，组织金融机构开展针对性、实战性应急演练，确保机制健全、响应迅速、处置得当。提前完成赛时进驻人员注册、应急指挥、维保、加钞等临时进出人员备案，调度备用设备、配件等提前到位，为赛时支付服务与应急处理提供充分的人员物资保障。

三、"七优化"，助力两个奥运同样精彩

（一）优化银行网点布局

新建、改建、装修张家口辖区银行网点 137 个，其中崇礼区 10 个；核心区新建网点 7 个，充分融入先进科技与智慧元素。在张家口冬（残）奥村的 3 个金融服务区，内设多功能的金融服务设施和绿色通道，专门为残障人士设置了有轮椅容膝空间的现金柜台，使其可以体验到智能接待、冬奥产品购买等服务，在外币兑换机上直接办理本外币兑换业务，为"村"民们和残障人士提供了优质的金融服务，送去了温暖的人文关怀。

（二）优化银行账户服务

根据人民银行总行部署，针对冬奥会期间的特殊需要，就境外涉奥机构和个人开立银行结算账户作出安排。中国银行落实涉奥主体开户方案，从开户文件审核、资料填写与系统录入环节进行专项培训，整理开户凭证并总结填写示例，装订成册后送达冬奥网点，以便来华境外机构客户开户查阅。张家口市各银行机构开通了近 200 条涉奥服务绿色通道，开立涉奥账户近百户，为境外人士开立账户 4700 余户，千余户开通了移动支付或手机银行。

（三）优化银行卡受理环境

围绕提升境内外人士消费便利，张家口全市布放自助服务终端 ATM 2000 余台、POS 机 5 万余台。根据冬奥组委商户清单，在核心区内各场馆布放冬奥版 POS 机 580 余台。结合冬奥组委闭环管理支付服务需求，逐一为签约酒店布放 ATM、支持外币银行卡 POS 机，酒店内还支持数字人民币硬钱包双向兑换，有效满足每家酒店 ATM 取现和消费需求。借助冬奥办赛契机，实现移动支付全覆盖，促进"云闪付"等移动支付方式推广应用，积极宣传移动支付扫码互认和互联互通。开展境外游客境内移动支付试点建设，为境外人士提供更多新选择。

（四）优化数字人民币应用

按照政府主导、人民银行推动、参研银行具体实施的思路，积极建立了省、市两级数字人民币试点工作领导小组，制订工作方案、明确试点建设场景，全面开展冬奥会张家口赛区数字人民币试点工作。参研银行机构积极发放各种形式的数字人民币红包、开展数字人民币消费满减等活动，带动冬奥试点地区不断丰富消费场景。数字人民币应用场景已覆盖冬奥场馆、酒店、餐饮、商户、邮政、交通、医疗等5万余个场景，开立对公、对私钱包共700余万个。数字人民币软钱包可通过手机应用市场实现即时下载安装，中国银行推出的数字人民币硬钱包，可以在签约酒店、银行网点直接兑换，大大提升了涉奥人士的可获得感。

（五）优化人民币现钞服务

现钞服务是支付服务不可或缺的组成部分。为保证人民币现钞服务效率与疫情防控安全，持续加大张家口地区新钞供应，细化现钞运送、清加钞方案。各金融机构在网点内部署专业消杀设备。在柜面收款、付款时使用不同的机具，实行"收支两条线"。优化自助服务设备加钞、清钞流程，确保收进的现钞不进行循环支付，最大限度地避免现钞成为病毒传播的媒介；对外付出的现金均使用原封新券，做好零钞储备，持续整治拒收现金行为，确保为冬奥会提供安全、整洁、畅通的现金流通环境。

（六）优化外币双向兑换服务

加强外币代兑业务政策传导、落实外汇局有关精神，开展张家口辖区有关银行、外汇局及外币代兑点业务人员政策培训，推动各签约酒店外币代兑点全覆盖，建立"一对一"联系机制。按照"全流程、全要素、全实战"标准，开展外币代兑业务演练，增强实战经验，抓好外汇服务各环节。指导银行加大主流外币小面额和小币种现钞备钞力度，实现中国银行柜台支持28种货币兑换，外币代兑点支持16种外币兑换和7种外币兑回，在冬奥会张家口赛区设立了多台外币自助兑换机，支持18种货币兑换。

（七）优化涉奥退税服务

健全工作机制，协调崇礼区政府出台《张家口市崇礼区国库服务冬奥绿色通道指导意见》，建立国库服务冬奥绿色通道机制。建立税务部门及相关金融机构不同层级协调联动机制，交流共享各业务相关方冬奥会退税工作的准备情况及退税操作流程。按照总库要求组织完成系统升级测试，对电子和手工两种退库方式分别进行了业务测试验证，为冬奥退税工作的顺利实施提供了技术保障。

四、"七提升"，助力后奥运经济发展

（一）提升信贷窗口指导，支持地方绿色发展

为支持冬奥会筹办，辖区各银行机构在人民银行信贷窗口指导下，发挥了重要作用。下一步要用足用好人民银行信贷支持工具，充分发挥奥运的国际效应、内涵外延，对清洁能源、节能环保、碳减排技术和煤炭清洁高效利用等领域提供低成本融资支持，助力"绿能电力、绿色建筑、绿色交通"发展。

（二）提升支付服务标准，打造雪国崇礼名片

积极推进冬奥专用设备转化更新，持续提升崇礼全区外币银行卡支持能力，助力打造"雪国崇礼"体育文旅亮丽名片。对照京张体育文化旅游带建设有关规划，依托办奥经验，进一步提升"食住行游购娱"相关场景支付服务水平。大力拓展移动支付，持续丰富支付方式，推动支付服务实现更高层次的提升和完善。同时，积极将冬奥会支付服务环境建设经验应用到更广泛的金融服务领域，推动全省金融服务高质量发展。

（三）提升金融科技能力，实现金融提质增效

增强金融科技服务实体经济的能力，实现金融发展提质增效，推动全省金融科技蓬勃发展。在金融科技创新监管工具实施、金融科技赋能乡村振兴、金融标准制定和应用等方面持续发力，深挖金融科技样板项目、典型做法、模范机构等，树立标杆示范，形成你追我赶、奋勇争先的良好发展态势，走出一条具有河北省特色的金融数字化之路。

（四）提升数字人民币服务，保障全域试点建设

积极按照人民银行总行部署，深入推进张家口市数字人民币试点建设。充分借力冬奥会效应，细化张家口市全域数字人民币试点工作方案，在新的试点区域挖掘探索，占领数字经济新高地，实现试点地区数字人民币服务设施和服务水平跨越式提升，真正服务零售支付、便利民生，为全省经济高质量发展拓展新空间。

（五）提升国库服务效率，积极优化营商环境

加强与税务部门沟通协作，积极推动跨省异地电子缴税工作在河北省扩面提效，继续探索推进数字人民币在缴税场景的应用广度和深度，为纳税人缴税提供更多便利，有效提升税款入库效率。深入挖掘国库收支存数据背后蕴含的丰富信息，特别是支持后奥运经济发展相关措施实施后，对财政收入产生的影响分析，为决策部门提供有益参考。

（六）提升外汇结算服务，便利个人和国际贸易

持续完善银行外汇专家团队建设，打造高素质、专业化人才队伍。通过银行一线及时了解并积极解决市场主体新诉求。督导银行用好个人经常项目外汇业务特殊处置制度，促进"不常见、难判断"真实合法业务顺畅办理。深化贸易外汇收支便利化试点改革，在风险可控的基础上，支持银行将"材料多、环节多"的业务和"笔数多、信用好"的企业纳入试点范围，进一步提升贸易收支便利化水平。支持新型离岸国际贸易发展，按照"鼓励创新、包容审慎"的原则，支持基于实体经济的新型离岸国际贸易发展，指导银行优化自主审核，为真实、合规的新型离岸国际贸易提供跨境结算便利。

（七）提升党建工作水平，促进高效融合发展

积极按照新时代党的建设总要求，全面加强基层党建工作，不断增强基层党组织的政治领导力、思想引领力、群众组织力、社会号召力。充分发挥党支部战斗堡垒作用，以党的建设为根脉，实现党建与业务工作双推进、共发展、相融合，凝聚全体党员、带动广大群众，共同为后奥运央行科学履职不懈努力。

共襄盛举　擘画"双奥"

——中国银行冬奥金融服务暨
冬奥支付服务环境建设工作纪实

文/中国银行冬奥办公室

摘要：北京冬奥会是我国重要历史节点的重大标志性活动，服务好北京冬奥会、冬残奥会是中国银行向党中央、国务院作出的庄严承诺。作为北京2022年冬奥会和冬残奥会官方银行合作伙伴，中国银行胸怀"国之大者"，践行金融报国，周密部署、精心准备，科技引领、持续创新，继2008年后续写了奥运金融服务的满分答卷，向全世界展现了中国金融改革的丰硕成果和中国金融人的良好风采，体现了"双奥银行"的实力与担当。

关键词：冬（残）奥会　金融服务　支付服务环境

一、举世瞩目，挑战与机遇并存

与2008年相比，2022年冬奥会的宏观环境和服务需求已经发生较大变化，金融服务面临诸多从未经历的挑战。第一是国内外支付习惯存在差异。近年来，我国支付方式日新月异，移动支付已成为国内最主要支付方式，现金、刷卡等支付方式占比较低，但国外仍以现金、刷卡等支付方式为主，且冬奥会支付合作伙伴自身尚无法在国内提供移动支付产品，这导致境外人员在国内非奥运区域及境内人员在奥运区域发生支付不便捷的情况。第二是新冠肺炎疫情对金融服务提出更高要求。为有效防控疫情，冬奥会采取了严格的闭环管理措施，闭环内金融服务将暴露在疫情风险之下，日常业务运营流程如何适应闭环管理要求、现金及凭证往来如何做好防疫管理都将成为新的课题。第三是数字人民币试点引发广泛关

25

注。数字人民币冬奥会试点是我国数字人民币第一次正式同时面向境内外人员，在国际大型综合性活动中接受检验，数字人民币的试点效果受到国内外媒体关注。

同时，冬奥会也将聚焦世界目光，成为向世界展现中国金融业发展成就的巨大舞台，直观体现中国金融产品、金融科技、金融服务的发展质量和水平，为树立中国金融业的优秀品牌形象、拓展国际国内更大市场提供了难得的机遇。

二、卓越服务，冬奥金融服务圆满成功

中国银行以百年品牌传播冬奥梦想，以实际行动践行冬奥承诺，举全行之力认真周密做好金融服务筹备工作，实现了"零感染、零事故、零差错、零投诉"的佳绩。

（一）高度重视，组织工作严密高效

中国银行成立了董事长、行长任组长的冬奥工作领导小组，多次召开党委会和行领导专题会，部署推进各项冬奥金融服务工作。认真落实人民银行冬奥会支付服务环境建设工作要求，制订服务方案、搭建支付场景、落实支持保障、制订应急预案，做好服务准备。建立行领导牵头的冬奥联席沟通机制及总分行冬奥赛时指挥中心，第一时间协调解决一线的问题、需求和突发状况。

（二）精心布局，金融服务万无一失

构建立体化的赛时金融服务体系。全行2000余人在业务处理、信科支持、运营保障等方面参与冬奥服务，其中200余名注册人员进入闭环；在冬奥区域内建设5家冬奥临时网点、4处自助服务区，布放ATM、智能柜台、自助兑换机等自助设备，服务覆盖网上银行、电话银行、手机银行、CALL CENTER等全部线上渠道；充分发挥国际化优势，提供28种外币现钞、全天24小时自助银行及英、法、德、意、俄、日、韩、西、阿9种外语咨询服务。赛时，临时网点及自助服务区共接待机构及个人客户近9000人次，受理柜台、自助设备、支付场景等各类业务约50万笔，95566冬奥专项咨询人工客服接听量423通，其中外语咨询量占比为72.6%。中国银行的专业服务获得了国际奥委会主席巴赫先生、委员小萨马兰奇先生及参赛各方的高度认可和一致好评。

成功完成首次长期闭环金融服务运营。严格落实防疫要求，大幅压缩优化业

务处理流程，提高效率，减少聚集；创新制定闭环内"旧钞回收入库、全部支付新钞"流程，避免现钞成为病毒传播媒介；配置多种防疫物资进行运营环境消杀，严格执行健康监测和核酸检测，冬奥会和冬残奥会期间，各项防疫措施严格有效，未出现感染情况。

实现冬奥金融服务碳中和。积极响应绿色冬奥号召，制订实施冬奥金融服务碳中和计划，通过绿色建设、低碳运营、环保生产生活方式、购买碳配额等措施，成功实现国内同业首次运营碳中和，并获得中国质量认证中心碳中和认证。

（三）以人为本，开展多种冬奥特色支付服务

开展冬奥专属账户服务。在人民银行、国家外汇管理局、国家税务总局、北京冬奥组委的大力支持和指导下，中国银行制订了北京冬奥会境外非居民机构账户及退税服务方案、冬奥短期来华人士个人金融服务方案。截至 2022 年 3 月，共办理冬奥境外机构退税业务 41 笔，金额 107 万元人民币；跨境人民币业务 504 笔，交易金额 1.25 亿元。

做好现钞防疫管理。根据人民银行"现金收支两条线"和现金消杀规定，优化冬奥闭环内的现金实物操作流程，确保备付现金与客户存入现钞不交叉，保证人民币全新券、零辅币、28 种外币现钞供应充足。通过"智能金库"、智能尾箱等现金设备，实现操作环节自动化、押运交接无感化、库房管理无人化。

提供冬奥外汇业务便利。在国家外汇管理局的大力支持下，中国银行为冬奥来华机构和个人开辟外汇绿色通道，简化外币业务手续，建立了冬奥相关特殊紧急外汇业务先办理后报备的机制，全面提升外币账户、结售汇服务体验。为 59 家冬奥签约酒店提供外币代兑服务，保证各币种及面额的现金供应，灵活确定备用金结转周期。自助兑换机、外币代兑点提供 24 小时 18 个币种的外币小额兑换服务。赛时，冬奥临时网点柜台及自助兑换机共受理结售汇业务 1671 笔，金额 559 万元人民币；冬奥签约酒店外币代兑业务 396 笔，金额 45 万元人民币。

优化银行卡受理环境。赛前，为冬奥区域内 208 个支付场景安装 1929 台 POS 机，支持 Visa 外卡、银联 Visa 双标卡、银联"云闪付"及数字人民币 4 种支付方式。赛时，冬奥区域内各支付场景累计受理各类银行卡及数字人民币交易 47.6 万笔，交易金额 1.4 亿元。在冬奥区域内布设 14 台 ATM，共受理 7780 笔交易，金额 1188 万元。此外，中国银行积极落实监管冬奥试点政策，在冬奥区域以外为境外个人提供境内移动支付便利，收获了良好的试点效果。

顺利开展跨境业务。中国银行制订冬奥跨境人民币汇款专属清算方案，保障赛时涉奥、紧急、大额款项的优先处理。赛时，共办理涉奥跨境汇款业务5000余笔，金额57亿元人民币，覆盖70余个国家和地区。

（四）突破创新，数字人民币试点广受好评

发行冬奥主题数字人民币产品。协助人民银行推出数字人民币App，发行冬奥主题数字人民币硬钱包，投产数字人民币硬钱包自助兑换机等，其中，人民银行指导中国银行发行的冬奥主题数字人民币硬钱包——"冰芯""雪环"，是率先面向公众提供数字人民币准账户式硬钱包产品，多名冬奥冠军和参赛运动员现场办理了数字人民币硬钱包。

数字人民币成为冬奥区域主要支付手段之一。通过多种措施展现冬奥数字人民币受理能力，开闭幕式期间，在国家体育场搭建展台，现场宣传展示数字人民币产品和特色功能，冬奥周期内，落地"衣食住行游购娱"各类涉奥应用场景，确保数字人民币冬奥场景试点运营顺利、稳定。赛时，数字人民币在全球聚光灯下取得优异表现，"隔窗非接"支付深受客户欢迎，成为冬奥现场消费主要支付工具。

（五）全面保障，系统运行安全稳定

科技重保提供强大支持。中国银行切实落实人民银行有关确保支付系统安全稳定运行的工作要求，连续3个月实施"重保"保障，确保业务连续性万无一失。冬奥会和冬残奥会期间，最高标准软硬件资源保障，数字人民币系统交易处理能力达到10000笔/秒，系统运行高效通畅；最高标准内部服务等级，冬奥相关业务处理平均耗时缩短67.9%；最高等级网络安全防护，成功阻断4.2万起网络安全威胁事件，系统运行安全稳定。

三、金融为民，服务实体经济

丰富冬奥个人金融产品。中银香港、澳门分行成功发行港元、澳门元冬奥纪念钞，再次以法定货币形式铭记北京冬奥会。先后发行8款冬奥冰雪借记卡及信用卡产品，签约成为北京冬奥会特许贵金属产品唯一代销银行，贵金属累计销售量近53万件，市场份额超过80%。在手机银行、微信公众号等渠道引入冰雪场馆优惠权益和营销资源，推出系列热门冰雪运动商户消费满减、冰雪场馆预订、培训教练等促销优惠，为个人客户打造全流程的冰雪运动服务体验。

加大冬奥冰雪项目支持力度。中国银行先后支持了国家速滑馆、首钢滑雪大跳台、延庆冬奥场馆、张家口崇礼古杨树场馆群等冬奥核心场馆建设项目，以及京张高铁、延崇高速等配套基础设施项目，核定授信总量486亿元，为冬奥场馆顺利完工、赛事顺利举行奠定了坚实基础。已为北京、河北、黑龙江、吉林、新疆等10多个省、自治区、直辖市的冬奥冰雪项目提供授信支持，核定授信总量超过600亿元。

四、不忘初心，践行奥运格言

成为冬奥合作伙伴以来，中国银行始终坚持以百年品牌传承奥运梦想，以最高标准做好奥运金融服务，用实际行动阐释了"更快、更高、更强、更团结"的奥林匹克格言，践行了"卓越服务、稳健创造、开放包容、协同共赢"的中国银行价值观。

重大事项敏捷反应，提供卓越服务。中国银行全行上下建立了跨层级、跨条线、跨平台的立体合作机制，切实做到"一点接入、总分联动、条线协同"，以"更快"的速度为"卓越服务"写下注脚。

全新形势更高要求，践行稳健创造。面对史无前例的奥运闭环管理、"30·60"目标引导下的绿色办奥理念，中国银行实现了闭环内"零感染"和冬奥金融服务净零碳排放的目标，以"更高"的标准身体力行"稳健创造"。

国际大行更强自信，演绎开放包容。中国银行充分发挥全球化、综合化优势及"双奥银行"经验，为来自世界各地的参赛人员及机构提供了宾至如归的服务，以"更强"的自信向世界传播中国银行"开放包容"的时代强音。

勠力同心共襄盛举，阐释协同共赢。各级监管机构的大力支持，是中国银行冬奥金融服务的坚实后盾，中国银行全行人员"一盘棋""一张网""一条心"，生动演绎"协同共赢"，共同完成冬奥满分答卷。

北京冬奥会已圆满闭幕，中国银行以优异成绩经受住了检验。未来中国银行将进一步深入学习贯彻习近平总书记关于金融工作的重要论述，继续发扬"双奥银行"的优势，紧紧围绕集团"十四五"规划，聚焦服务实体经济，着力发展科技金融、绿色金融、普惠金融、跨境金融、消费金融、财富金融、供应链金融、县域金融,加快建设以国内商业银行为主体、全球化综合化为两翼的战略发展格局,树牢风险意识,坚持底线思维,强化创新引领,加快数字化转型,在奋力建设全球一流现代银行集团、推动经济社会高质量可持续发展过程中展现更大作为、作出更大贡献,以实际行动迎接党的二十大胜利召开。

中小机构

关于中小银行跨境支付与反洗钱体系的实践及思考

文/岳隆杰[*]

摘要：目前，国内中小银行主要通过代理行模式加入境外主要币种清算结算体系进行外币支付。但一直以来，境外清算行对中小银行的合规能力持有不信任态度，境内多数中小银行处于突然被关户的担忧中。稳定、安全的跨境支付服务是中小银行跨境金融服务质量的重要内容。本文从莱商银行的跨境支付与反洗钱实践出发，研究分析中小银行通过增强合规意识、加强渠道建设、提升专业素质、优化合作模式等措施，健全跨境支付及反洗钱体系，奠定差异化安全可靠的跨境业务发展基础。

关键词：中小银行　跨境支付　反洗钱

一、莱商银行跨境支付与反洗钱实践

2006 年，基于自身中小企业客户进出口贸易快速发展的业务需求，以及进一步提高综合竞争能力的发展需要，莱商银行正式开办国际业务，成为山东省第四家开办外汇业务的城市商业银行。开办外汇业务以来，莱商银行将外汇业务作为重点打造的特色服务，坚持"服务当地经济，服务中小企业"的发展定位，聚焦中小外贸企业基本国际结算与贸易融资需求，加大外贸企业信贷投放，持续提升国际结算服务质效。

随着外汇客户群体、服务半径的逐渐扩大，莱商银行在货物贸易、服务贸

---

* 作者单位：莱商银行。

易、跨境投资等领域，为实体经济、外向型经济发展提供了强有力的支持。截至 2022 年 4 月末，莱商银行与全球 100 多个国家和地区的 441 家银行建立了业务往来关系，建立了完善的美元、欧元、日元、港元及跨境人民币清算网络，累计为超过 2000 家外贸企业办理国际结算 276 亿美元，发放国际贸易融资折合人民币 559 亿元。

（一）外币跨境支付的模式与渠道

世界主要经济体货币均建立了完善的银行间跨境支付模式，包括延迟净额结算（DNS）、实时全额结算（RTGS）、实时净额结算（RTNS）。支付清算结算系统包括美国联邦电子资金划拨系统（FEDWIRE）、纽约清算所银行间支付系统（CHIPS）、泛欧实时全额结算系统（TARGET2）、日本银行金融网络系统（BOJ–NET）等。代理行业务合作主要分为三种：一是一般代理行合作，双方互发报文，委托代收单据，进行日常业务沟通转递；二是清算合作，开立清算账户，进行代理资金清算结算；三是代理行授信，根据资信情况进行授信，进而开展资金交易、贸易融资等业务合作。

境内中小银行一般不具备加入主要经济体货币支付渠道的条件，又无境外分支机构，很难取得境外银行授信，因此只能采用境外代理合作模式，作为跨境外币支付的主要渠道。在经受境外银行关户巨大影响后，中小银行不得不接受更加苛刻的条件重新寻找境外合作伙伴，或者被动依赖境内银行当地分支机构进行二级清算结算，但这种模式下，外币支付效率降低，导致客户流失，业务能力削弱。

莱商银行在外汇业务办理之初，外币支付模式主要是通过在境外代理行以及中资银行境外分支机构开立清算账户，通过 SWIFT 进行金融信息传输以完成外币支付。同部分中小银行面临的情况相同，因中资银行境外分支机构的关户，莱商银行美元支付渠道也变为以境外代理行清算为主、中资银行境内分支机构清算为辅。同时，对非美元外币，莱商银行相继建立了境内与境外银行、主要与辅助的多渠道支付模式体系，逐步提升通过境内银行渠道清算的能力，应对境外银行突然关户造成的支付业务中断。

（二）人民币跨境支付的模式与渠道

清算行模式是我国开展人民币跨境清算最早的模式，中国银行（香港）有限公司和中国银行澳门分行先后被人民银行指定为香港和澳门地区的人民币清算行，境外参加银行或者企业可以通过港澳人民币清算行进行跨境人民币业务支付，同时这两家银行加入了中国人民银行现代化支付系统（CNAPS），依托该系统进行跨行人民币资金清算和结算。

境内代理行模式是更广泛流行和使用的方式，境外参加银行与境内具有国际结算业务能力的商业银行（境内代理行）签订《人民币代理结算清算协议》，在境内代理行开立人民币同业往来账户，境内代理行再通过境外参加银行的指示（通过 SWIFT 传输），在 CNAPS 中完成人民币资金清算和结算。

为适应形势发展的需要，进一步整合现有人民币跨境支付渠道和资源，提高人民币跨境支付效率，2015 年 10 月，由我国建设的人民币跨境支付系统（CIPS）开始运行。这标志着在 CIPS 模式下，不管是境内银行还是境外银行，都能以直接参与者或间接参与者的方式接入 CIPS，由 CIPS 对参与银行的跨境人民币交易进行借记或贷记，最后再通过 CNAPS 完成清算。

莱商银行于 2011 年开办跨境人民币结算业务，依赖 CNAPS 进行结算，并于 2016 年 11 月通过多家间参行的方式接入 CIPS，借助直参行网络渠道进行跨境人民币支付。实现渠道主要为莱商银行在直参行开立用于资金支付的人民币存款账户，由 SWIFT 给直参行传输指令，由直参行通过 CIPS 完成资金结算。2021 年，莱商银行通过城银清算服务有限责任公司加入 CIPS，同年成为"CIPS 标准收发器"山东省内首批上线的两家法人行之一。

莱商银行开办外汇及跨境人民币业务以来，积极对接和融入国家金融市场基础设施建设，不断完善自身人民币跨境支付网络，建立了较为完备、可靠的人民币跨境支付渠道，保障了跨境人民币支付业务的稳定连续运行。

（三）跨境支付及洗钱风险应对

一是加强跨境洗钱监管制度建设。莱商银行通过梳理现有外汇和反洗钱制度，从客户身份识别、可疑情况尽职审查、可疑交易报告、审查资料留存、内控制度建设等方面制定了相应的跨境反洗钱管理办法，实现跨境业务真实性、合规性审核和反洗钱工作审核标准的统一。积极落实《银行跨境业务反洗钱和反恐怖融资工作指引（试行）》，建立健全反洗钱和反恐怖融资风险识别、评估、监测和控制的管理制度，促进跨境交易中反洗钱工作的落地实施和有效开展。

二是加强洗钱和恐怖融资风险评估。莱商银行成立了多条线、多维度、相互协调配合的洗钱和恐怖融资风险评估小组，负责对办理的跨境业务和服务进行反洗钱评估，制定禁止类、敏感类国家或地区名单及业务识别标准，对系统、人工双筛查发现的可疑业务进行专业风险评估，并根据评估结果制定针对性、差异化风险防控措施，以有效控制风险。比如，由于资本项目类业务的真实性难以把握，选择采取最为严格的控制措施；而对存在长期贸易结算合作的客户，采取相对简单的审查措施，体现"越合规越便利原则"。

三是加大业务合规审核力度。莱商银行综合国家主权风险、货币风险、宏观经济风险、政治风险等因素，形成符合自身业务实际的《禁止类和高风险类国家及地区名单》，并建立定期更新机制。在日常业务开展过程中，对涉及相关制裁的高风险国家或地区的边缘业务，基于"了解客户、了解业务、尽职调查"的展业三原则与反洗钱、反恐怖融资的管理要求，加大业务合规审核力度，强化客户尽职调查及其他洗钱风险控制措施，从严审查交易目的、货物的最终用途、最终用户等信息，避免禁止、高风险业务进入跨境支付网络。

四是建立完备的黑名单管理系统。莱商银行的黑名单数据由美国道·琼斯公司（Dow Jones & Company，Inc）提供，内容包含美国财政部海外资产办公室金融制裁名单"特别指定国名单"（OFAC SDN LIST）、联合国制裁名单、欧盟制裁名单、中国公安部公布的制裁名单及政治公众人物（PEP）名单，能及时跟进中国、联合国、美国和欧盟的制裁措施，确保制裁名单的完整，加强对涉黑名单客户的甄别与监控。

二、跨境反洗钱带来的中小银行跨境支付难题及成因分析

（一）跨境反洗钱的境内、外现状

国际反洗钱方面。国际反洗钱监管在某种程度上可以理解为反洗钱制裁。国际社会上反洗钱制裁分为多边制裁和单边制裁。多边制裁主要包括联合国安理会根据联合国宪章公布的制裁决议，对特定国家和地区实施制裁，范围适用于所有联合国会员，是全世界最广泛意义的制裁。单边制裁主要包括欧盟、美国及其他国家和地区的制裁。欧盟制裁是结合联合国制裁及欧盟自身的政治、外交目的所实施的制裁手段，对特定国家和地区、恐怖分子实施制裁，仅适用于欧盟范围内的成员国家。美国制裁主要通过美国海外资产控制办公室（OFAC）对部分国家和地区进行制裁，制裁范围广，执行惩罚力强，影响力和威慑力最大，在反洗钱

监管中处于特别地位。

近年来，国际洗钱和恐怖融资形势日趋复杂，反洗钱国际标准和欧美国家监管要求更加严格，多家国际大型银行因违反反洗钱及制裁政策被处以巨额罚款。如 2012 年 8 月，渣打银行因涉嫌与伊朗机构开展洗钱活动，被美国监管机构罚款 6.67 亿美元；2014 年 7 月，法国巴黎银行因向苏丹等被美国列入制裁名单的国家提供跨国资金转移服务，被罚 89 亿美元；2015 年 11 月，德意志银行被指控与伊朗和叙利亚等被美国制裁国家的实体开展业务支付，被罚 2.58 亿美元。

境内反洗钱方面。2007 年《中华人民共和国反洗钱法》《金融机构反洗钱规定》正式实施以来，我国反洗钱制度不断加强，跨境反洗钱监督管理、反洗钱监管工作持续强化。2018 年 10 月，中国人民银行发布《法人金融机构洗钱和恐怖融资风险管理指引（试行）》，我国反洗钱整体水平显著提高，中小银行反洗钱能力也得到进一步提升。2021 年 1 月，人民银行、外汇局联合发布《银行跨境业务反洗钱和反恐怖融资工作指引（试行）》，不仅进一步规范和强化了金融机构跨境业务，也为跨境反洗钱监管提供了有力支撑。

（二）中小银行跨境支付面临的难题

在跨境反洗钱及制裁风险加剧的形势下，境外代理行为满足合规监管要求投入了大量人力物力，运用众多科技手段提高反洗钱筛查的准确度，成本大幅提升，权衡之下陆续关闭了境外中小银行外币清算账户。近年来，随着境外合规监管趋严，中小银行经历了多波的关户潮，客户的基本结算业务大受影响。

（三）跨境反洗钱问题的成因

一是缺乏对跨境反洗钱的合规管理。部分中小银行单纯重视经营绩效，将跨境支付业务简单认定为低成本、高收益业务，造成客户与业务选择超出自身掌控能力，而管理层对跨境反洗钱的重视程度不够，未切实承担起相应的跨境洗钱风险管理职责。

二是缺乏健全的内控机制。目前大部分中小银行跨境反洗钱内部控制体系不完善，而根据欧美发达国家的反洗钱监管经验，如果银行在反洗钱机构设置、客户尽职调查、可疑活动监测报告及交易审查制度的建设上存在缺陷，即便未发现涉及洗钱违规的具体事项，依然会被要求作出整改。

三是缺乏完善的系统建设及信息资源。中小银行在账户交易数据方面，无法获取公安、海关、税务、央行、外汇局等外部数据资源，难以做到多方验证比对。获取外部信息渠道也与国有、股份制大行存在差距，自身分析、解读能力相对较差，对第三方渠道信息依赖较强，无法及时更新制裁名单及高风险国家或地区等信息。同时，中小银行交易信息延伸调查能力差，由于代理交易、掩盖真实交易等情况，加大了对实际交易对手信息的识别难度。

四是缺乏跨境洗钱风险防范能力。中小银行由于技术手段有限，反洗钱人员一般只能凭借经验按照外汇业务审查要求，对客户身份表面证明文件进行程序审核，缺乏准入时的全方位审查及准入后的动态排查机制，跨境客户身份识别与尽职审查明显不足。同时，由于缺乏境外合作机构，对跨境资金的来源和去向追踪能力较差，风险和可疑交易预警指标也是强调境内多、关注境外少。

五是缺乏专业岗位人员。中小银行国际业务部门很少设立专门的合规岗位人员从事反洗钱、涉黑名单的管理工作，更多的是强调单证业务的技术审核及风险控制，缺乏业务、反洗钱"两栖"人才。

三、中小银行健全跨境支付及反洗钱对策

随着国际形势日趋复杂，国际反洗钱形势日趋严峻，联合国、欧盟、美国OFAC等组织制裁的风险越发凸显。同时，国内也进入防范系统性金融风险的强监管时代。中小银行健全跨境支付及反洗钱体系，一方面是满足监管和国际反洗钱需求，另一方面更是发展跨境支付业务的内在要求。

（一）切实落实"展业三原则"，全面提高合规意识与水平

中小银行要牢固树立"合规优先"的发展理念，重视跨境反洗钱工作，将反洗钱及合规管理工作，视为发展的生命线。基于自身能力开展跨境业务，坚守中小外贸企业的客户定位，"有所为、有所不为"，对于自己不能掌握真实情况的客户和业务坚决不做，超出自身风险承受能力的业务坚决不做。从加强真实性审核和防范风险的角度出发，加强反洗钱制度建设，制定相应的反洗钱管理办法、反洗钱业务操作规程、反洗钱大额交易和可疑交易报告管理办法、反洗钱客户风险等级分类管理规定等内控制度。根据客户风险和业务风险等级，采取与风险相匹配的尽职审查措施，把好客户及业务准入关，加强事前防范，将客户及业务准入掌握在自身识别能力可控范围内，全面提高合规意识与水平。

（二）持续加强合作交流，寻求更多专业支持

中小银行需密切与境外代理行的沟通交流，掌握反洗钱标准、黑名单数据，

不断健全内控制度，完善名单监控系统，开展可疑客户及业务信息协查，使反洗钱标准符合甚至高于清算行要求。在面对具体可疑交易时，主动联系或咨询境内外代理行，在事前将不合规业务有效杜绝。在制定反洗钱内部制度、建设相关系统时，主动征询境内外代理行的专业意见，并重视其反馈意见的落实与改进。

（三）充分借助多方资源，增强跨境反洗钱信息化水平

中小银行要建立完整的国际反洗钱制裁名单数据库，不具备条件的中小银行可购买可靠第三方数据，确保对异常交易客户、业务相关信息进行实时排查，及时消除跨境反洗钱制裁风险隐患。将客户分类在相关业务系统中进行标记提示，利用大数据、区块链等技术，将国际业务涉及的海关、商务、国际收支、出口信保等各类外部信息引入业务系统。对客户及业务进行多方比对和验证，为尽职审查、持续监控提供有效的数据来源。将人工监管与系统监控并行，发现问题及时进行分析和研究，审查交易真实性和合规性，确保业务合规运行。

（四）深入了解代理行需求，实质性组团开展跨境支付

支付清算业务是盈利性业务，境外清算行重视中间业务收入，关户未必是针对已发生的实质反洗钱问题，更多是因为考虑到合规、反洗钱等要求以及考虑那些可能发生风险的部分业务量较小的中小银行。中小银行要及时了解并尽量满足清算代理行对业务量、业务笔数等方面的最低盈利要求，达到双方互惠共赢的目标。而对于业务量小的中小银行，不要建立过多的支付渠道，避免业务分散降低了对主要清算行的收益贡献。群体抱团取暖开立境外清算账户的方式，在理论上呼声较高，而实践中除了具备股权关系的境内外银行，以及具备同一归口管理的农商银行外，很少有成功案例。建议地方法人银行所在地区的政府、监管部门及合作联盟主动牵头协调，组团与境外银行谈判，以争取组团开立境外银行清算账户。

（五）大力发展跨境人民币业务，有效弥补外汇清算不足

随着人民币的国际认可度不断提高，境内外企业越来越多地使用人民币进行国际结算，人民币在跨境支付中的占比明显提升，海外人民币支付渠道也正逐步完备。随着 CIPS 二期的上线运营，系统功能更加完善，系统运行时间也由 5×12 小时延长到 $5 \times 24 + 4$ 小时，基本覆盖了全球各时区的人民币交易。2021 年，我国推出了"CIPS 标准收发器"，可摆脱跨境人民币支付链路中对境外网络的依赖，打通了跨境人民币支付的"最后一公里"，进一步构建了独立自主、安全可

控的跨境人民币支付网络。中小银行作为 CIPS 间接参与者,委托直参行通过 CIPS 办理人民币跨境支付业务的模式更加成熟稳固。中小银行在业务发展定位上,可逐步提高跨境人民币在国际结算中的占比,以人民币方式为客户提供跨境支付服务,一方面可以避免外汇清算账户的关户风险,另一方面跨境反洗钱压力也会大大降低,支付安全可以得到充分保障。

安全、可靠、便捷的跨境支付渠道是维护涉外客户的生命线,中小银行想在国际业务方面保持竞争优势,必须建立自身持续的跨境支付渠道。当前,中小银行依据监管及国际反洗钱新要求,通过行业规范深化、合规文化建设,将合规提升到了新的高度。相信在合规文化的引领下,中小银行国际业务能够进一步丰富跨境支付渠道、提升反洗钱能力,助力更多中小外贸企业出海远航,为稳外资、稳外贸作出积极贡献。

参考文献

[1] 薛健. 中小银行外币清算困局与应对 [J]. 中国外汇, 2019 (8): 43 – 45.

[2] 荣蓉, 韩英彤, 白琳. 外币清算变局 [J]. 中国外汇, 2019 (8): 36 – 40.

[3] 荣蓉, 韩英彤, 白琳. 外币清算困境与未来发展 [J]. 中国外汇, 2019 (8): 46 – 49.

[4] 覃盈盈. 新形势下我国跨境洗钱风险管理问题研究 [J]. 金融监管, 2021 (7): 57 – 63.

[5] 朱晓凤. 跨境汇款反洗钱风险分析及对策 [J]. 河北金融, 2018 (2): 55 – 60.

[6] 王旖. 外币清算跨境洗钱风险需提防 [J]. 中国外汇, 2019 (15): 48 – 49.

[7] 邱牧远. 国际反洗钱监管最新趋势及中资银行应对建议 [J]. 金融论坛, 2020, 293 (5): 15 – 21.

[8] 罗刚. 人民币跨境清算模式及银行对策研究 [J]. 时代金融, 2020 (3): 82 – 86, 93.

中小支付机构可持续发展研究

文/任丽丽　郭倩倩　解丽荣[*]

摘要： 近年来，我国支付产业跨越式发展，特别是移动支付已经全面渗透线上、线下环节，基本覆盖了人民群众衣食住行，极大推动了普惠金融与实体经济的发展。但随着行业监管趋严趋细，合规要求持续升级，加之市场竞争格局固化和同质化发展，行业利润率降幅明显，大型非银行支付机构（以下简称支付机构）固有优势越来越明显，而业务模式相对单一、创新能力薄弱的中小支付机构面临多重压力，生存困难。本文在了解中小支付机构发展现状的基础上，深入调查分析中小支付机构发展困境及现行求存路径，并提出促进其可持续发展的建议。

关键词： 中小支付机构　发展困境　建议

一、中小支付机构发展现状

（一）基本情况

2010 年，人民银行发布《非金融机构支付服务管理办法》，2011—2015 年，获许可支付机构累计 271 家，此后支付牌照暂停发放。截至 2021 年 8 月末，已注销许可支付机构 42 家（见表 1），存量机构缩减至 229 家。已注销许可的支付机构中，从业务类型看，持单一预付卡发行与受理牌照 34 家，占比 80.95%，持互联网支付、银行卡收单等牌照 8 家，占比 19.05%；从注销原因看，不予续展

---

　　* 作者单位：任丽丽，中国人民银行太原中心支行；郭倩倩，中国人民银行长治市中心支行；解丽荣，中国人民银行朔州市中心支行。

16家、合并注销11家、主动注销11家、违规注销3家、未提交续展申请1家，其中2020年以来主动注销牌照的预付卡机构8家，占主动注销总量的72.73%。

表1　　　　　　　　　　　　已注销许可支付机构

序号	支付机构名称	业务类型	注销原因
1	浙江易士企业管理服务有限公司	预付卡发行与受理	违规注销
2	广东益民旅游休闲服务有限公司	预付卡发行与受理	违规注销
3	上海畅购企业服务有限公司	互联网支付、预付卡发行与受理	违规注销
4	北京润京搜索投资有限公司	预付卡发行与受理	主动注销
5	上海富友金融网络技术有限公司	预付卡发行与受理	合并注销
6	上海华势信息科技有限公司	银行卡收单	合并注销
7	资和信网络支付有限公司	互联网支付、移动电话支付、银行卡收单	合并注销
8	上海付费通企业服务有限公司	预付卡发行与受理	合并注销
9	浙江盛炬支付技术有限公司	银行卡收单	合并注销
10	易通支付有限公司	互联网支付、银行卡收单	合并注销
11	杉德电子商务服务有限公司	互联网支付、移动电话支付、银行卡收单	合并注销
12	通联商务服务有限公司	预付卡发行与受理	合并注销
13	温州之民信息服务有限公司	预付卡发行与受理	合并注销
14	上海通卡投资管理有限公司	预付卡发行与受理	不予续展
15	普天银通支付有限公司	预付卡发行与受理	不予续展
16	西安银信商通电子支付有限公司	预付卡发行与受理	不予续展
17	北京交广科技发展有限公司	预付卡发行与受理	不予续展
18	北京中诚信和支付有限公司	预付卡发行与受理	不予续展
19	山西兰花商务支付有限公司	预付卡发行与受理	不予续展
20	哈尔滨金联信支付科技有限公司	预付卡发行与受理	不予续展
21	安徽瑞祥资讯服务有限公司	预付卡发行与受理	不予续展
22	长沙商联电子商务有限公司	预付卡发行与受理	不予续展
23	乐富支付有限公司	银行卡收单	不予续展
24	海南海岛一卡通支付网络有限公司	预付卡发行与受理	合并注销
25	湖南财信金通电子商务有限责任公司	预付卡发行与受理	不予续展
26	上海千悦企业管理有限公司	预付卡发行与受理	主动注销
27	长沙星联商务服务有限公司	预付卡发行与受理	不予续展
28	合肥新思维商业管理有限责任公司	预付卡发行与受理	合并注销
29	北京中汇金支付服务有限公司	预付卡发行与受理	不予续展
30	北京国华汇银科技有限公司	预付卡发行与受理	不予续展
31	安徽长润支付商务有限公司	预付卡发行与受理	未提交续展申请

续表

序号	支付机构名称	业务类型	注销原因
32	永超源支付科技有限公司	预付卡发行与受理	不予续展
33	湖北蓝天星支付有限公司	预付卡发行与受理	主动注销
34	新疆一卡通商务服务有限公司	预付卡发行与受理	不予续展
35	御嘉支付有限公司	预付卡发行与受理	主动注销
36	艾登瑞德（中国）有限公司	预付卡发行与受理	主动注销
37	江苏省电子商务服务中心有限责任公司	互联网支付、预付卡发行与受理	主动注销
38	安徽华夏通支付有限公司	预付卡发行与受理	主动注销
39	山西金虎信息服务有限公司	预付卡发行与受理	主动注销
40	安徽皖垦商务投资服务有限公司	预付卡发行与受理	主动注销
41	上海大千商务服务有限公司	预付卡发行与受理	主动注销
42	中网支付服务股份有限公司	预付卡发行与受理	主动注销

资料来源：中国人民银行官网。

存量支付机构中，持网络支付业务①牌照的支付机构114家，占比49.78%，其中3家支付机构仅持有数字电视支付牌照；仅持预付卡发行与受理牌照的支付机构95家，占比41.48%，其他20家持有银行卡收单牌照的支付机构无网络支付业务牌照，占比8.73%。从市场需求、牌照价值角度看，持网络支付业务牌照（除3家仅持有数字电视支付牌照的机构外）的支付机构可持续发展能力最强，持单一预付卡发行与受理牌照的支付机构可持续发展能力最差，持银行卡收单牌照的支付机构可持续发展能力居中。

（二）展业情况

1. 展业模式。据调查，支付机构展业模式主要有总公司直营、分公司自营、外包三种模式，其中总公司直营指以总公司名义在省内拓展实体商户，商户通过线上申请入网；分公司自营指分公司配备直营团队，具备自行拓展商户的能力和人员；外包模式包括由总公司合作的外包服务机构（以下简称外包机构）或分公司合作的外包机构在省内拓展实体商户。据初步统计，山西省37家从事银行卡收单和条码收单业务的支付机构中，采取总公司直营模式的支付机构23家，占比62.16%；采取分公司自营模式的支付机构14家②，占比37.83%；采取外

---

① 包括互联网支付、移动电话支付、固定电话支付和数字电视支付。

② 该数据统计存在部分支付机构未如实报送的可能性。

包模式的支付机构 33 家，占比 89.19%。

2. 交易规模和市场份额。

一是网络支付业务①持续增长，行业集中度持续上升。随着线上与线下业务融合及新冠肺炎疫情影响，2016—2020 年，支付机构网络支付业务呈逐年增长趋势（见图 1）。2021 年第一季度，支付机构处理网络支付业务 2206.25 亿笔、金额 86.47 万亿元，同比分别增长 54.06%、41.99%；第二季度，支付机构处理网络支付业务 2608.30 亿笔、金额 87.32 万亿元，同比分别增长 28.17%、24.37%，保持持续增长态势。

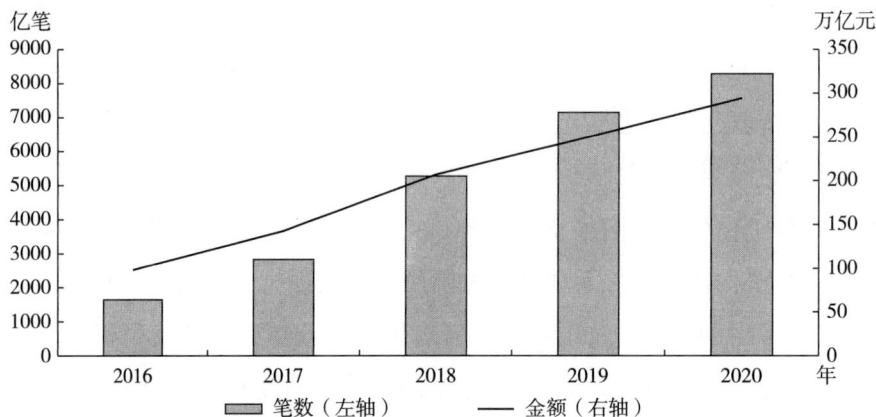

图1　2016—2020 年支付机构网络支付业务笔数及金额

（资料来源：中国人民银行官网）

网络支付业务中，移动支付业务规模增长较快，2016—2020 年，移动支付业务量呈逐年增长趋势（见图 2），其中，2020 年，支付机构共处理移动支付业务 7842.11 亿笔、金额 301.12 万亿元，分别是 2016 年支付机构处理的移动支付业务笔数和金额的 8.08 倍、5.9 倍。

从市场份额看，受网络支付规模效应和成本优势影响，支付机构网络支付业务市场集中度持续上升，大型支付机构的市场支配地位不断巩固。2019 年，中国第三方移动支付市场中，头部支付机构的前两位交易规模占市场份额合计达 93.8%，中小支付机构市场占比极小（见图 3）。2020 年，网络支付交易金额在 1 万亿元以上的机构有 10 家，其业务量占交易总额的 96.73%，前十位的占比较上

---

① 包括互联网支付、移动电话支付、固定电话支付、数字电视支付。

年提高 5.11 个百分点①。

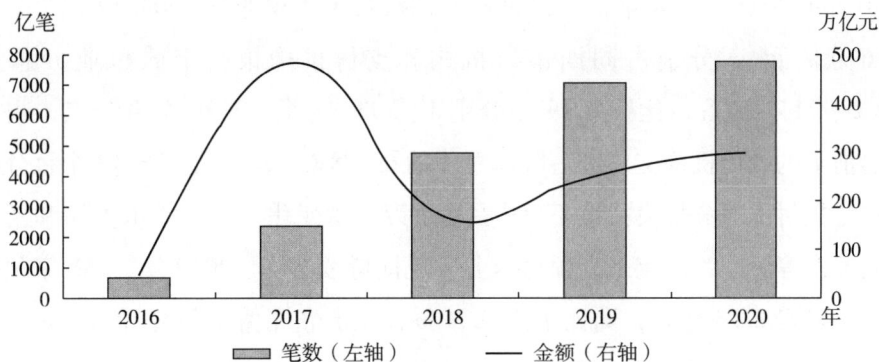

图 2　2016—2020 年移动支付业务笔数及金额

（资料来源：《中国支付产业年报（2021）》）

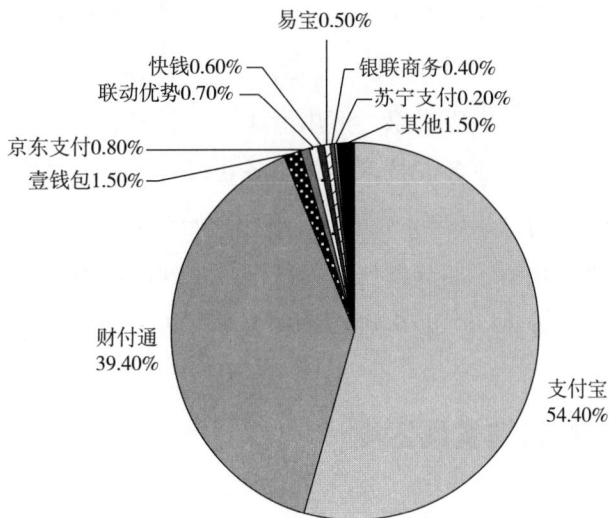

图 3　2019 年中国第三方移动支付交易规模市场占比情况

（资料来源：艾瑞咨询网站）

　　二是银行卡收单②市场占比下降，行业集中度上升。2019 年，支付机构处理银行卡收单业务 1463.49 亿笔、金额 90.18 万亿元③，分别占同期银行机构和支付机构银行卡收单业务总量的 84.71%、79.29%，同比分别提高 19.29 个、15.6

---

① 资料来源：《中国支付产业年报（2021）》。
② 资料来源：《中国支付产业年报（2021）》。
③ 以向中国支付清算协会报送银行卡收单业务数据的 84 家支付机构数据为依据计算。

个百分点，收单金额排名前十的收单机构交易额占收单总额的66.65%，同比提高3.81个百分点；2020年，支付机构处理银行卡收单业务1903.49亿笔、金额100.16万亿元①，分别占同期银行机构和支付机构银行卡收单业务总量的73.28%、71.71%，占比较2019年分别下降11.43个、7.58个百分点，收单金额排名前十的收单机构交易额占收单总额的69.78%，同比提高3.13个百分点。

三是预付卡业务规模持续下降②。受政策环境变化、市场需求萎缩和新型支付方式冲击等影响，近年来，预付卡业务规模持续下降。2019年，131家预付卡机构合计发卡2.23亿张，同比下降0.89%，发卡和充值金额合计726.89亿元、同比下降7.42%；2020年，122家预付卡机构发卡2.13亿张，同比下降4.66%，发卡和充值金额合计614.65亿元，同比下降15.44%。

（三）收入来源

一是手续费收入，即支付机构收取商家的手续费与其向银行、清算机构支付的手续费之间的差额，为其主要收入来源；二是增值服务收入，如代收水电煤费、通信费、房租房贷、酒店机票、信用卡还款、彩票、网游、信贷及账户管理等；三是为金融机构提供业务或技术外包服务获得收入；四是客户备付金利息收入。针对法人支付机构，2019年8月人民银行开始对备付金集中存管账户中存放的客户备付金计息。其中，部分仅持有银行卡收单牌照的中小支付机构，收入来源绝大部分为手续费收入，无业务或技术外包服务收入和增值业务收入。

二、中小支付机构发展困境

（一）头部支付机构和银行机构的强势竞争压力

1. 头部支付机构。一是在账户侧和收单侧兼营，形成市场垄断之势。头部支付机构源自互联网巨头，凭借互联网络平台原有生态优势，坐拥海量C端客户，成为超级支付账户机构。而支付产业由于政策及历史原因，产业链约70%的利润（见表2）被账户机构（即发卡行）获取，头部支付机构利用账户侧获取的超额利润补贴到收单侧，再叠加其通道成本优势，具备低价竞争优势，导致中小

---

① 以向中国支付清算协会报送银行卡收单业务数据的82家支付机构数据为依据计算。
② 资料来源：《中国支付产业年报（2021）》。

支付机构生存艰难。二是头部支付机构利用兼营账户侧和收单侧的优势，将"四方模式"① 下的跨行收单交易转化为"三方模式"② 的"本代本"交易③，实际业务中还将支付账户余额收单异化为系统内转账交易。同时，"三方模式"让头部机构利用自身定价优势，通过低价竞争，使"本代本"交易占据了条码支付大部分市场份额。三是头部机构将部分线下支付场景转移至线上受理环境中，如在山西某实体商户消费时，交易信息显示业务类型为网络支付。四是头部支付机构往往在支付服务中嵌套其他金融产品，用嵌套性或交叉性金融产品挤占传统收单，一方面获得更多收益，另一方面加强对商户的掌控力。

表2　　　　　　　　　　　银行卡刷卡手续费收入占比

商户刷卡类型	贷记卡	借记卡	借记卡封顶
刷卡手续费率	0.60%	0.50%	20 元
其中：发卡行服务费费率	0.45%	0.35%	13 元
收单机构收单服务费费率	0.0975%	0.1175%	3.75 元
清算机构网络服务费费率	0.0325%	0.0325%	3.25 元
品牌服务费费率	0.02%	—	—
发卡行服务费费率占刷卡手续费费率的比例	75%	70%	65%
收单机构收单服务费费率占刷卡手续费费率的比例	16.25%	23.50%	18.75%

2. 银行机构方面。调查发现，部分银行机构免费为商户布放机具，并通过商户账户余额达标返现等方式免除收单业务手续费，给中小支付机构形成了强势竞争压力。如某银行规定，日均存款达5万元，减免次月交易手续费1000元，日均存款10万元，减免次月交易手续费2000元；某银行规定对有综合性业务的商户，实施手续费减免。

（二）产品和经营同质化，市场竞争力弱

随着多年的发展，大型支付机构从单纯通道型服务向经营商户转型，开始提供覆盖新零售、保险等领域的聚合支付产品及相应增值业务。而中小支付机构掌握较少的上下游资源，行业专业人才也普遍短缺，目前仍以传统收单业务为主，业务模式单一，产品和经营同质化现象明显。部分中小支付机构被大型集团收购，仅为集团内业务场景提供支付服务，业务单一且对集团依赖性强；部分中小

---

① 指一种结算模式，"四方"包括清算机构、账户方（即传统发卡方）、收单方和商户。
② 指一种结算模式。"三方"包括账户方、收单方和商户。
③ 指本机构直接处理本机构发行的银行卡在本机构收单商户发生的交易。

支付机构单纯模仿头部机构产品模式，无自身特色，无法吸引更多客户。同时，由于自主开发和创新能力薄弱，且担忧创新产品的市场反应不及预期或难以竞争导致投入无法回收，中小支付机构创新意识和创新能力有限。

（三）"收支倒挂"导致生存难

在行业持续强监管的背景下，受"断直连"、客户备付金集中存管、市场竞争环境及新冠肺炎疫情影响，大型支付机构固有优势越来越明显，导致多数中小支付机构处于亏损或微利状态（见表3），特别是以传统收单业务或预付卡业务为主的支付机构。通过对山西省内10家中小支付机构分公司收支情况进行调查显示，6家亏损、4家微利。如B分公司，2020年收单手续费、服务费等收入合计78.01万元，包括外包机构分润、人员成本管理、经营场地、终端机具等在内的支出合计399.46万元，亏损321.45万元；如I分公司，2020年手续费收入0.27万元，无其他收入来源，包括经营场地成本、人员管理、办公用品等在内的支出10.89万元，亏损10.62万元。从法人机构看，山西省内从事银行卡收单业务的法人支付机构实现微利，而某法人预付卡机构2018年至2020年连续亏损，净利润分别为 -356.15万元、-606.49万元和 -461.65万元。

表3　　　　　　　10家中小支付机构分公司2020年收支情况　　　　单位：万元

业务类型	机构名称	收入	支出	利润
银行卡收单	A分公司	271.80	268.67	3.13
	B分公司	78.01	399.46	-321.45
	C分公司	12.66	43.07	-30.41
	D分公司	779.67	810.73	-31.06
	E分公司	157.78	247.32	-89.54
	F分公司	54.45	28.84	25.61
	G分公司	172.89	155.77	17.12
	H分公司	780.00	755.00	25.00
预付卡发行与受理	I分公司	0.27	10.89	-10.62
	J分公司	1.00	20.40	-19.40

三、中小支付机构现行求存路径分析

路径一：委身巨头。面对困境，被收购成为中小支付机构最优选择，同时随着金融与科技的深化整合及无证经营支付业务整治力度持续加大，网络平台、集团公司等对支付牌照需求增加，加之央行暂停发放支付牌照，鼓励支付机构兼并重组，导致支付牌照二级交易市场活跃。

本文收集了 2012 年以来发生的 35 起收购案例（见表4）进行分析。从收购主体看，主要有五类：一是网络平台。如电商平台京东、美团、苏宁易购、国美、唯品会、拼多多等收购支付牌照，网约车平台滴滴出行收购一九付，短视频平台抖音收购合众易宝，整合线上支付牌照资源，实现生态闭环。二是关联行业。如新大陆收购国通、新国都收购嘉联支付，通过收购进入支付收单行业，又如 51 信用卡收购雅酷时空，手机厂商小米、华为先后收购捷付睿通和讯联智付，聚合服务商盒子科技收购迅付信息等，致力打造自身的支付生态，形成数据闭环，挖掘数据价值，提供增值服务。三是集团公司。如平安集团收购平安付，承担从传统金融进军支付市场的重任；万达集团收购快钱、恒大集团收购集付通，为其进军互联网金融提供支持。四是科技公司。如海立美达、用友网络等科技公司收购支付牌照，拟进军互联网金融。五是国有企业。如中国供销电商收购万卡德，翠微股份收购海科融通。

表4   2012—2021 年部分被收购支付机构情况

序号	收购方	支付机构	业务类型及范围
1	京东	网银在线	互联网支付、移动电话支付、固定电话支付、银行卡收单（北京）
2	长征电气	国华汇银	预付卡发行与受理
3	平安集团	平安付	互联网支付、移动电话支付、预付卡发行与受理、银行卡收单
4	海尔网络科技	快捷通	互联网支付
5	万达集团	快钱支付	互联网支付、移动电话支付、银行卡收单
6	九鼎投资	金佰仕	互联网支付、移动电话支付、预付卡发行与受理（湖南、北京、上海）
7	达华智能	卡友支付	银行卡收单（天津、山东、四川、北京、云南、青海、深圳）
8	500彩票网	商盟商务	互联网支付、预付卡发行与受理（浙江、上海）
9	小米科技	捷付睿通	互联网支付、移动电话支付、银行卡收单
10	恒大集团	集付通	互联网支付、预付卡发行与受理（广东、广西、云南）
11	海立美达	联动优势	互联网支付、移动电话支付、银行卡收单
12	美团点评	钱袋宝	互联网支付、移动电话支付、银行卡收单（全国）
13	新大陆	国通星驿	银行卡收单（全国）
14	唯品会	浙江贝付	互联网支付
15	用友网络	畅捷通支付	互联网支付、银行卡收单（全国）
16	仁东控股	广东合利宝	互联网支付、移动电话支付、银行卡收单（全国）

续表

序号	收购方	支付机构	业务类型及范围
17	银嘉金服	上海德颐	银行卡收单（全国）
18	绿地集团	山东电子商务	互联网支付
19	跨境通宝	金虎信息	预付卡发行与受理（山西）
20	国美金融科技	银盈通	互联网支付、预付卡发行与受理（北京、山西、云南、贵州）
21	新国都	嘉联支付	银行卡收单
22	滴滴出行	一九付	互联网支付
23	周大福	华瑞富达	预付卡发行与受理（北京）
24	51信用卡	雅酷时空	互联网支付、移动电话支付、预付卡发行与受理（北京、广东、江苏、浙江）
25	阿米金服	安徽圣德天开	预付卡发行与受理（安徽）
26	盒子科技	迅付信息	互联网支付、移动电话支付、固定电话支付、银行卡收单（江苏、浙江、山东、福建、天津）
27	海澜之家	瀚银信息	互联网支付、移动电话支付
28	供销电商	万卡德	预付卡发行与受理（山西）
29	苏宁易购	易付宝	互联网支付
30	PayPal	国付宝	互联网支付、移动电话支付
31	上海易翼信息	上海付费通	互联网支付、移动电话支付、银行卡收单（全国）、预付卡发行与受理（上海）
32	翠微股份	海科融通	银行卡收单
33	字节跳动	合众易宝	互联网支付
34	携程	上海东方汇融	互联网支付、预付卡发行与受理（上海）
35	华为	讯联智付	互联网支付、移动电话支付、数字电视支付

从收购效果看，有收购成功并经营较好的案例，如多数网络平台公司收购网络支付牌照后经营较好，部分关联行业、集团公司收购支付牌照后运营也较好；也有部分收购失败或收购后经营困难的案例，如多数收购单一预付卡发行与受理牌照的公司，出现展业难、持续亏损的情形，如国华汇银、金虎信息支付牌照已注销，万卡德持续亏损；又如小商品城集团拟收购海尔收购的快捷通支付牌照，商盟商务已被再次转让；卡友支付、联动优势、金佰仕等部分支付机构出现自身业务违规、经营亏损或股东经营管理混乱、违规经营等问题。

从收购目的看，部分企业收购低价值的预付卡发行与受理支付牌照，拟增项网络支付业务牌照，但央行增项持续暂停，而已收购业务连年亏损致其无力维持，部分企业采取主动注销、股权转让等方式退出，如金虎信息申请主动注销，而恒达公司由于申请增项失败，被法院判决退还收购方中信资产4817万元。

综上所述，牌照收购方要匹配自身业务需求，不可盲目跟风炒作，支付机构引入控股股东，在衡量其资金实力的同时，还要考虑业务的可持续发展。

路径二：独立上市。针对支付机构，独立上市可能带来的好处有增加品牌知名度、融资更方便、投资方可获利退出等，但其对公司要求也较高，且上市过程中会带来持续性的成本与经营压力，故只有极少数中小支付机构有条件选择该路径。2018年，汇付天下在港交所上市，但上市两年多来股价持续下行、股份流通不高且交易表现欠佳，致其从公开市场筹资难，于2020年发布私有化公告，并于2021年3月末完成退市；2019年，拉卡拉在A股上市，公告数据显示，2016—2020年，其净利润持续增长，产品竞争力排名第一；与此同时，银联商务作为国内收单领域的头部机构也计划登陆资本市场。综上所述，对于业务经营良好的企业，独立上市是锦上添花，但无业绩支撑、经营欠佳的企业，独立上市也并非最优选择。

路径三：压降成本。部分中小支付机构通过转嫁终端机具成本、精减人员和经营场地、业务全权外包、缩减商户巡检频次等方式，压降成本，实现获利求存。如部分支付机构将受理终端机具采购成本转嫁给外包机构，由外包机构向法人支付机构或其股东或厂商等采购，并通过销售、收取押金等方式向商户推广；如山西省内某法人预付卡机构近两年持续精减人员与场地，2019年、2020年员工分别同比下降28.57%、20%，经营场所由年租金54.57万元下降至16.07万元；又如部分支付机构未成立分公司或成立分公司后无场所无人员未备案，即以法人支付机构名义或委托外包机构跨省拓展实体特约商户开展收单业务，部分支付机构分公司人员和经营场所配备不足，个别支付机构甚至设立"空壳"①"三无"②分公司，商户审核、档案管理、协议签订、交易监测等均不同程度集中于法人支付机构管理，商户拓展和初审委托外包机构办理。综上所述，在合理合规范围内压降成本，可缓解经营压力，但无视监管规则和业务风险，无底线压降成本，则面临经营和监管处罚风险。

路径四：违规经营。无场景无股东资源的部分中小支付机构选择铤而走险，通过拓展虚假套现商户、套用非标类商户、违规设置收单结算账户、为非法平台

---

① 指无人员和经营场所。

② 指无人员、无经营场所、无业务。

提供服务等手段增加市场占有率和交易额。如部分支付机构入网多家优惠类虚假商户，将标准类商户交易信息以优惠类商户名义上送给清算机构，通过套用非标准价格类商户赚取手续费差价；部分支付机构以发展虚假套现商户为主，通过快速做大交易规模而实现盈利；而部分支付机构则采取比较"激进"的业务模式，直接或间接为非法交易、虚假交易提供支付服务，如多家支付机构为"新葡京棋牌"等多家非法网站提供支付通道。显然，违规经营面临巨额监管处罚风险，仅能满足一时获利之需，并非可持续发展之道。

四、可持续发展建议

（一）统一、完善监管标准，建立灵活、多样化的监管规则

目前大型支付机构普遍采取"线上""外包"模式，部分中小支付机构为节约成本，也普遍采取此模式，导致本地化经营管理不到位，基层人民银行属地监管难。建议：一是顺应支付机构业务线上化、电子化处理趋势，统一、完善监管标准，如对采取线上电子化审核流程的机构，经监管部门验收合格的，可相应缩减分公司工作人员；二是根据展业模式的不同，以及由此带来的风险差异，对支付机构采取分类监管措施，提升监管质效；三是严格规范外包业务，提高外包机构市场准入门槛，加强资质审核，同时要求支付机构分公司管理好本地合作的外包机构，禁止总公司或其他分公司签约的外包机构跨省展业，切实落实外包业务本地化经营管理规定。

（二）持续优化政策措施，破解发展难题

一是持续鼓励兼并重组。引导持有网络支付业务牌照的中小支付机构与大型互联网、网络平台等有支付牌照需求的企业进行合作，中小支付机构依托网络平台经济实现可持续发展，网络平台企业依托支付机构解决"二清"问题，促进网络平台企业合规有序发展。二是适时针对性启动牌照增项。针对有需求、有政策背景且经营合规的支付机构，建议适时开启增项网络支付业务通道，给予政策支持，如中国供销电子商务有限公司作为某持单一预付卡牌照支付机构的全资控股股东，运营的"供销e家"是全国供销合作社服务"三农"的农村电子商务交易平台和"脱贫地区农副产品网络销售平台"，其业务需要匹配网络支付业务牌照，且具有"三农"政策背景。三是加大市场退出力度。针对可持续发展能力

差且无政策背景和经营需求的持有单一预付卡牌照的支付机构，收单业务规模小且无场景合规性差的支付机构，特别是"僵尸机构""空壳机构"，引导有序退出市场。四是创新优化产品和服务。引导中小支付机构紧密结合 B 端和 C 端的业务需求，充分利用金融科技手段，创新并优化核心产品，优化公司整体经营效率，降低相关业务成本，同时，还要关注商户和消费者的体验，不断优化服务水平，促进支付行业健康可持续发展。

（三）理顺、优化支付产业链收益分配机制，实现成本与收益、责任与收益相匹配

在收单业务中，收单机构直接服务商户，承担商户入网、机具投放、商户培训、日常运维、反洗钱及风险监控等工作，但其从商户手续费中的分成远低于发卡行（即账户方），以信用卡刷卡手续费 0.6% 为例，收单机构手续费收入分成占比 16.25%、发卡机构手续费收入分成占比 75%；以借记卡刷卡手续费 0.5% 为例，收单机构手续费收入分成占比 23.5%，发卡机构手续费收入分成占比 70%。此外，截至 2020 年末，我国人均持银行卡 6.4 张，人均开立支付账户 3.69 个，人均账户数合计达 10 个，一人多卡、一人多户的情况十分普遍。鉴于此，产业链的收益分配应从鼓励发卡（账户）侧调整为向收单侧倾斜，提升收单机构在商户手续费中的分配比例。

（四）积极推动支付产业互联互通，实现合作共赢

推动支付产业互联互通，是强化反垄断监管和突破支付数据透传环节监管障碍的重要举措，符合全球反垄断监管趋势。支付产业互联互通，条码支付互联互通"先行"。《金融科技（FinTech）发展规划（2019—2021 年)》明确提出：推动条码支付互联互通，研究制定条码支付互联互通技术标准，统一条码支付编码规则、构建条码支付互联互通技术体系，打造条码支付服务壁垒，实现不同 App 和商户条码标识互认互扫。目前，银联"云闪付"、微信条码支付已实现互联互通，支付宝与微信互联互通也进入试点阶段，条码互联互通和合作共赢成为不可逆转的发展趋势。应引导中小支付机构把握契机，协同"四方"，与头部机构间竞争转为合作，形成良性发展。

参考文献

［1］薛洪言. 中小支付机构的生存现状：人到中年　格外艰难［Z］.

http：//opinion. jrj. com. cn/2019/01/17081126917169. shtml，2019 – 01 – 17.

［2］李冰. 中小支付机构遇转型之困 转机何在 ［N］. 证券日报，2019 – 04 – 26.

［3］王倩. 汇付天下临退市 中小支付在挣扎 ［J］. 商学院，2021（2）： 142 – 144.

非互联网背景民营银行支付业务开展：
困难与建议

——以湖南三湘银行为例

文/高 羽 熊人杰[*]

摘要：经过六年多时间的发展，民营银行成为我国金融体系的重要补充和普惠金融的重要力量，受到各方高度关注。本文研究非互联网背景的民营银行支付业务开展现状，并以湖南省唯一的民营银行——三湘银行为例，从账户、结算往来账、收单业务、清算头寸等多个方面，梳理了民营银行现阶段支付业务开展面临的主要困难和挑战，分析了支付业务对民营银行资产、负债等整体发展的影响，并提出相应的政策建议。

关键词：民营银行 支付业务 发展 建议

目前，民营银行按股东背景，可大体分为互联网背景银行和非互联网背景银行两类。其中，互联网背景银行因其股东带来行业顶尖的技术优势、大数据体系以及服务场景及流量，借助互联网突破"一行一店"的限制，快速形成规模优势，业务规模和利润增速均大幅领先非互联网民营银行，如微众银行、网商银行、新网银行等。而非互联网背景银行，其发起人多为实业企业，虽然拥有庞大的资本优势和产业生态，但缺少既有的流量平台或快速的导流方式进行批量获客，发展相对较慢，如三湘银行及其他民营银行等。

---

* 作者单位：高羽，中国人民银行长沙中心支行；熊人杰，湖南三湘银行。

一、三湘银行支付业务发展现状

（一）个人账户数量较多，II类户快速增长后增速明显放缓

截至2020年末，三湘银行I类、II类户同比分别增长31.5%、99%，均高于银行账户的平均增长率10.4%。其中，II类户快速增长主要是该行通过支付宝、京东金融、陆金所、360金融、百度金融、爱奇艺等线上渠道引流，引导客户绑定他行账户开立II类户，用于充值购买该行存款产品。自2021年1月起，《关于规范商业银行通过互联网开展个人存款业务有关事项的通知》出台，互联网存款引流受限，三湘银行的II类户日均开户数大幅下降到200户左右。

（二）对公账户体量较小，主要来自股东相关供应链企业且以一般户为主

截至2020年末，三湘银行单位银行结算账户不足4000户，对公客户主要来自股东三一集团生态及供应链产业链上下游企业，以及先进装备、现代服务、城市更新、大健康、TMT五大产业的目标客户，机关、团体、部队、事业单位客户数量较少。从结构上来看，该行开立基本户、专用户较少，一般户占比78.5%。

（三）支付结算业务线上化程度较高，但线下收单业务规模较小

为突破"一行一店"的制约，三湘银行积极推进产业银行平台建设，立足建立线上运营体系，对外提供标准API接口，实现账户能力、支付能力、风控能力、大数据能力的输出，因此整体支付结算线上化服务水平较高。以贷记业务转账为例，2020年全年，三湘银行电子贷记转账业务笔数、金额占比分别为99.9%、95.4%。从渠道来看，三湘银行提供了专门的手机App，并且在微信公众号等渠道提供了查询账户余额、购买存款等功能服务。反之，对于需线下地推和维护的收单业务发展较慢，实体特约商户不足1000户。

（四）银行卡、票据业务发展不充分

银行卡方面，三湘银行发卡均为借记卡，且绝大部分为个人客户，仅有极少数单位结算卡。截至2020年末，三湘银行发行在用银行卡约10万张，其中仅3张单位结算卡，基本上个人客户开立I类户均配有借记卡，但单位结算卡配比不足万分之九。信用卡因未取得相关业务资质尚未开展。

票据业务方面。相比银行承兑汇票的高流通性，商业承兑汇票的配套融资业务

民营银行的准入门槛较高，贴现流程手续较繁杂，贴现周期较银行承兑汇票长；同时由于开展商业承兑汇票贴现业务须100%计提风险资产，民营银行受资本充足率约束，更加偏好传统贷款业务，使票据贴现特别是商业承兑汇票贴现业务始终在低位徘徊。

二、民营银行支付业务发展困难分析

（一）个人账户经营困难分析

1. 五要素身份鉴权渠道不足。按照相关规定，银行经电子渠道非面对面为个人开立Ⅱ类户，应进行五要素验证，但当下主流鉴权渠道均存在不足。一是人民银行清算总中心推出的跨行账户信息认证服务平台（CBAC）鉴权通道相对健全，但收费较高；二是第三方渠道，如中青信用、百融等，收费相对较低，但由于数据不全时常导致无法验证开户失败；三是2021年4月上线的银联渠道收费居中，但不支持个别开户银行。

2. 缺少通信运营商渠道核实身份制约客户身份识别。三湘银行进行开户个人身份核实，主要手段有公安身份联网核查、手机号码核实、人脸识别等，但当前未有正式渠道接入三大通信运营商实现手机号码核实客户身份，影响核实客户预留手机号码是否为其本人手机号码的有效性。

3. Ⅱ类、Ⅲ类账户功能、额度限制影响部分场景展业。目前，Ⅱ类户通过功能限制及额度控制，提高了账户风险防控水平，但也影响了民营银行部分业务开展。以三湘银行为例，其重要业务之一是面向股东三一集团等产业链上下游提供供应链金融服务，Ⅱ类户仅允许通过本人绑定的Ⅰ类户入金（已面核的除外），向非同名账户出金日限额1万元，年限额20万元，导致客户办理的贷款无法按照有关规定受托支付给第三方，影响此类业务开展。

（二）单位账户经营困难分析

1. 开户综合服务成本较高。民营银行因无异地服务网点，在开户、变更、销户、年检等需要客户临柜业务的办理上对比其他银行成本投入较高。以三湘银行为例，其服务对象有不少供应链企业，上游企业在省外约占83.3%；下游企业在省外约占85%，其为供应链上异地法人企业开立账户平均时长约为48小时（含出差时间），平均开户成本约为2000元/户（含差旅费等上门服务成本）。此外，为客户办理关键信息变更、网银 Ukey 损坏变更、密码变更、印鉴变更或账户注销等业务时，均会形成昂贵的差旅成本。

2. 代发工资相关规范影响一般户开立。通常单位客户会优先选择国有银行或股份制银行开立基本户，民营银行为单位开立的银行结算账户以一般户为主。由于现行账户管理制度对是否允许一般账户代发工资并不明确，影响民营银行展业开立一般户的意愿及其实际应用。

3. 身份认证与客户尽职调查效率偏低。企业证明文件的真实性、有效性审核主要依赖防伪设备和网络公示信息等方式，缺乏高效渠道；上门尽职调查成本高、效率低，法人面核难度大，经常需要多次往返。

（三）支付结算业务开展困难分析

1. 代收还款通道不畅。民营银行贷款还款有两种支付路径：一是由客户主动通过绑定账户向本行Ⅱ类户入金，需反复培训指导客户操作使用，且客户体验较差。二是通过代扣还款，在"断直连"之后主要依赖银联渠道向客户绑定账户的开户行发起代扣指令，开户行出于风险控制、存款保护等原因，通常会对代扣业务进行限额控制，与此同时，代扣指令本身未区分用途，开户行难以辨别是否是贷款还款或其他用途，造成实践中代扣还款难以实现。2020 年，三湘银行自营个人贷款还款全部由客户主动汇入还款，易导致客户贷款逾期。与此相比，国有银行和股份制银行以其网点优势则可方便地通过Ⅰ类户进行结算。

2. 支付系统、业务手续费负担较重。2020 年，三湘银行支付手续费金额同比增长 39.87%。尽管小额支付系统、网上支付跨行清算系统收费标准是采取"月固定收费 + 按笔收费"，并按不同套餐供参与者选择，但由于三湘银行基本免收了客户手续费，相关系统手续费成为纯支出。再者，三湘银行主要贷款产品"三一链贷""消费壹贷""税壹贷""抵押快贷"，均为随借随还的循环贷款，还款笔数多，金额大，代扣还款成本压力较大，而在以往的联合贷款业务中，合作渠道会承担还款代扣运营成本。

3. 支付清算头寸管理压力大。民营银行通过线上展业，便利客户的同时也给头寸管理带来很大压力。特别是互联网客户黏性较差，容易受产品价格波动的影响，客户资金进出较为频繁。以三湘银行为例，为防止清算排队，其头寸账户上需预留较多资金作为备付金，远高于日常清算量，占用银行较大的资金成本。如后续大额支付系统服务时间从 5×21 小时发展到 7×24 小时后，资金进出将更加频繁，每日日终后通过银行间同业拆借或债券回购获得资金等方式无法实行时，头寸管理压力将进一步增大。

4. 部分银行行名行号更新不及时影响支付来账。目前，人民银行不定期更新行名行号，并以报文方式发送给各法人机构，但对行名行号库更新的及时性和准确性未作具体强制要求。部分银行行内支付系统已更新行名行号，但渠道端（如手机银行）未同步更新，以致客户在汇款转账时无法查找到民营银行作为收款行。以三湘银行为例，其服务的客户部分集中在园区、厂区、乡村，客户开户行为农信社或农村商业银行，客户贷款还款转账时在农信社手机银行上无法找到三湘银行，只能通过网点柜面进行还款。

（四）收单业务开展困难分析

1. 线上收单展业需逐一协商发卡行。民营银行提供线上收单服务，需开通协议支付收单侧功能（包括无卡快捷和网联协议支付），在现行银联、网联运营模式下，必须要向发卡行一一申请。由于结算规模不大，话语权缺失，导致与各国有银行、全国性股份制银行总行申请合作存在较大难度。以三湘银行为例，三一集团旗下部分企业线上收单业务均无法开展。

2. 线下收单竞争力相对较弱。线下收单普遍需要为商户提供微信、支付宝以及"云闪付"扫码聚合支付服务，由于行业竞争激烈，平均收取手续费 2.2‰，基本与微信、支付宝的支付渠道费持平，利润微薄，且受客户经理少、外包服务商水平参差不齐等多重因素影响。

三、几点建议

经了解，民营银行视数字化转型为发展方向和出路，将移动化、智能化、场景化作为业务发展趋势，且呈现分化特征明显的趋势。为丰富支付市场服务主体，鼓励引导民营银行支付业务规范长远发展，建议从以下方面加以强化。

（一）不断夯实支付软硬环境基础，支持民营银行发展

1. 积极推动跨机构身份验证机制建设，消除Ⅱ类、Ⅲ类线上开户渠道差异。建议尽快推动各银行机构限时内对接 CBAC 平台，对等开放借记卡Ⅰ类户标识，为行业提供公平、合理的银行卡鉴权验证通道，规范鉴权业务收费标准，以降低Ⅱ类、Ⅲ类户业务发展成本，营造更好的Ⅱ类、Ⅲ类账户场景拓展和营商环境。

2. 明确银行更新行名行号要求，保障民营银行资金来账汇路畅通。明确要求各行定期更新行名行号库，并能支持所有收款行。要求各行在渠道端支付转账业务中，将收款行检索功能标准化，按卡 BIN 自动适配，使民营银行与其他类型银行的客户都享受同等的金融服务。

3. 鼓励清算机构适当减免民营银行支付手续费。推动清算机构尽快落地降低跨行转账等支付手续费九折优惠的政策措施，鼓励考虑民营银行的特殊性，综合采取递延支付、适度减免、细化分档等方式实施优惠。

（二）鼓励引导优质民营银行创新支付服务

1. 鼓励优质民营银行稳妥开展支付创新。鼓励优质民营银行充分运用互联网、大数据、人工智能、区块链等创新技术，围绕连接产业链和核心企业生态圈、连接小微企业与客户，重新构造交易流程，不断提升支付效率。同时，要配套健全监管沙盒等工作机制，建立创新试错容错机制，增强监管部门、创新主体、社会公众之间的信息交流和良性互动。

2. 允许试点银行在限定范围内开展线上开立对公账户。在全国范围内按照自愿申报、属地推荐、择优选取 1～2 家为民营银行试点线上开立对公账户，限定开户对象范围在我国优势产业链上、在链上核心企业的白名单中、在划定的省份范围内，同时配套建立客户申请、客户真实性审核、开户意愿审核以及档案管理规范，按照"技术可靠、风险可控、实名认证、交叉复核"的原则审慎推进，实时监测风险，及时评估试点效果，并采取中止、暂停或继续的措施。

3. 鼓励引导民营银行票据业务发展。随着票据市场规模的不断扩大，具有支付结算与交易融资功能于一体的商业汇票得到了更加广泛的应用。票据是在企业支付结算的需求下应运而生的，并在发展的过程中不断演化出降低企业融资成本、提供便捷融资渠道的功能。鼓励民营银行充分发挥创新技术在主体核验、资料审查、流程线上化等业务运营和风控方面的积极作用，探索票据支持供应链融资的多种模式，将票据嵌入供应链场景，利用供应链票据标准化、场景化的优势，探索商票承兑人主动授信，以供应链核心企业信用为支撑，传递核心企业优质信用，向供应链上下游企业提供商票融资帮助，降低其融资成本。

（三）营造公平公正竞争环境，采取差异化监管措施

1. 统一规范线上收单业务合作渠道。组织银联、网联研究协调开户行、收单银行，批量开通协议支付收单侧功能（包括无卡快捷和网联协议支付）的实现方式，免去收单机构与发卡行一对一的烦琐手续。

2. 严格规范代收业务，保障民营银行贷款还款业务等正常开展。采取检查、行业自律等有效手段，确保付款人开户机构按照《关于规范代收业务的通知》要求，不得拒绝办理本人同名信用卡或银行贷款还款业务，同时进一步完善清算机构代收业务报文规范，明确用途、场景，支持民营银行普惠贷款放得出、收得回。

3. 区分情形采取差异化监管措施。对于非互联网背景的民营银行，应当进一步区分为产业型（客户服务对象存在明显产业链特征）、区域性（客户服务对象存在明显区域性特征），结合资产负债情况、业务规模水平、经营管理能力、头寸充裕度、客户权益保护等多重指标，参考支付机构分类评级或利用综合评价结果，制订并实施差异化支付监管方案，以引导其准确定位，开展差异化竞争，更好地服务小微和实体经济。

数字金融

数字人民币对
我国现有支付体系的影响研究

文/周 祥 黄 力[*]

摘要： 数字人民币是推动我国金融领域数字化转型的重要创新，更是被写进《中华人民共和国国民经济和社会发展第十四个五年规划和 2035 年远景目标纲要》中，作为金融行业后续发展的重点方向。本文探索了数字人民币发行对我国现有支付体系的影响，并对商业银行应对数字人民币业务，提供了发展建议。

关键词： 数字人民币 支付体系 商业银行

数字人民币是由中国人民银行发行，由指定运营机构参与运营并向公众兑换，以广义账户体系为基础，支持银行账户松耦合功能，与纸钞硬币等价，具有价值特征和法偿性的支持可控匿名的支付工具。简而言之，数字人民币是由央行发行、锚定物为国家信用的电子化现金，功能属性完全等同于纸币，限定于 M0 范畴。相比传统纸币，数字人民币借助数字化技术，具有可流通性、可离线交易性、可存储性、可编程性、不可伪造性、不可重复交易性、不可抵赖性、可控匿名性等特征，有助于节约货币发行与流通成本，提升我国经济活动的透明度与便捷性，减少偷税漏税、洗黑钱、赌博、欺诈等违法犯罪行为。

一、数字人民币发行对现有支付体系的影响

数字人民币兼具纸币及电子支付的双重优势，其发行将对我国现有的支付业务及支付体系带来一定影响，优化并重塑现有的支付体系，对传统模式下的货币发

---

* 作者单位：中国邮政储蓄银行江苏省分行。

行、支付清算结算及科技基础设施建设等产生深远影响，商业银行内外部运营环境和行业支付规则也将面临重大变革。

（一）数字人民币将影响我国货币供应

1. 数字人民币坚持 M0 替代，持有数字人民币不支付利息，且能实现与银行账户资金的自由、免费兑换，其发行将对我国 M0、M1 的结构、存款准备金等造成影响。假设未发行数字人民币前我国流通现金为 C_0、活期存款为 H_0、定期存款为 D_0、超额准备金为 R_0、活期存款准备金率为 r_h、定期存款准备金率为 r_d，则存款准备金为 $H_0 \times r_h + D_0 \times r_d + R_0$，发行 ΔC 的数字人民币用于替代相应的现金，则剩余的流通现金为 $C_0 - \Delta C$。根据极限法，考虑两种极限情况，一种是数字人民币发行后公众只将手头的现金兑换为数字人民币而不动用活期存款，则 M1、存款准备金均保持不变；另一种是公众将所持的数字人民币均存入活期存款，只在支付时才将活期存款转换为数字人民币，则 M1 总量变为 $C_0 + H_0 + \Delta C$，存款准备金变为 $(H_0 + \Delta C) \times r_h + D_0 \times r_d + R_0$。相关总量参见表1。

表1　　　　　　　　　　数字人民币发行前后 M0、M1 结构变化

相关指标	数字人民币发行前	数字人民币发行后（区间值）
M0	C_0	$(C_0 - \Delta C, C_0)$
M1	$C_0 + H_0$	$(C_0 + H_0, C_0 + H_0 + \Delta C)$
存款准备金	$H_0 \times r_h + D_0 \times r_d + R_0$	$(H_0 \times r_h + D_0 \times r_d + R_0, (H_0 + \Delta C) \times r_h + D_0 \times r_d + R_0)$

2. 数字人民币发行将影响货币乘数，进而影响我国货币供应量。从静态角度分析，根据上述假设，数字人民币发行前，货币乘数为 $\dfrac{C_0 + H_0}{H_0 \times r_h + D_0 \times r_d + R_0 + C_0}$。数字人民币发行后，货币乘数为 $\dfrac{C_0 + H_0 + c}{(H_0 + c) \times r_h + D_0 \times r_d + R_0 + C_0 - c}$，$c \in (0, \Delta C)$。将数字人民币发行后的货币乘数进行简单的数字整合，变为 $\dfrac{C_0 + H_0 + c}{H_0 \times r_h + D_0 \times r_d + R_0 + C_0 - (1 - r_h) \times c}$，由于 $r_h \in (0, 1)$，可以看出分子货币供应量在增加，而分母基础货币量在减少，从而使货币乘数变大。从动态角度补充，随着数字人民币的逐步普及，金融机构的超额准备金 R_0 将递减，同时，数字人民币的普及也将加快人民币的流通速度，进一步加大货币乘数。

（二）数字人民币将丰富支付场景内涵

数字人民币的应用并未另辟蹊径，延续了目前"扫一扫""碰一碰"等快捷

的支付模式，保留了公众的使用习惯，可完美复用现有的电子支付场景，其特有的可编程性与智能合约，可实现电子支付场景的精准化应用，提供更加智能的电子支付应用场景，在财政拨款、服务"三农"、乡村振兴、普惠金融等应用场景方面将大有可为。同时，数字人民币的"双离线支付"模式，克服了电子支付场景受制于移动网络与移动设备的局限性，可以如实物现金一般支付使用，移动支付未曾覆盖的"蓝海"用户也将纳入数字人民币使用群体。

新冠肺炎疫情的常态化防控，将为数字人民币的推广提供进一步发展的温床。数字人民币既满足了有现金使用习惯的老年人等客户群体的现金需求，为其提供周全、贴心、有温度的现金服务，又减少了实物接触带来的疫情风险，符合疫情防控要求。在可预见的未来，数字人民币在跨境支付、海外投资等应用场景也将大展身手，为人民币的国际化进程增添助力。

（三）数字人民币将冲击商业银行现有非现金支付业务

目前我国的非现金支付业务统计范围包括票据、银行卡及其他结算方式等非现金支付业务。由于交易方式的多样化以及目前实物现金在大额交易时的不便性，非现金支付业务量呈逐年上升趋势。而数字人民币的便捷支付及丰富的应用场景优势，将广泛应用于商业银行各项业务，从而对商业银行现有非现金支付业务产生冲击。

1. 大幅度减少票据业务。随着电子票据的出现，票据业务量总体已呈逐年下降趋势。数字人民币采取分布式记账，能实现点对点即时支付结算，将颠覆现有的票据业务，进而大幅减少票据业务。而随着数字人民币点对点即时支付的交易方式被公众接受、采纳后，银行的票据业务将进一步萎缩，银行将从资金融通中介转变成为资金划拨的服务商，金融机构将进一步脱媒化，形成一个票据业务不断减少的循环圈。

2. 挑战电子支付市场地位。2020年，全国商业银行发生的电子支付业务占非现金支付业务比重高达67.58%，在现有支付体系中举足轻重。但数字人民币可以通过人民银行推出的数字人民币App以及工行、农行、中行、建行、交行、邮储银行六大行自身的手机银行App进行交易，沿用了现有移动支付的通用使用方式，减少了新鲜事物带给公众的恐慌感与不适感，其高支付效率、低支付成本、多应用场景优势将不断彰显。可以预见，数字人民币支付的交易笔数与交易金额将越来越高，不断冲击与挑战电子支付市场地位，最终可能形成数字人民币与电子支付并驾齐驱甚至前者超越后者的竞争态势。

（四）数字人民币将重塑第三方支付格局

根据《2020年支付体系运行总体情况》，2020年我国非银行支付机构处理网络支付业务138272.97亿笔、金额294.56万亿元。与商业银行相比，非银行支付机构支付业务呈现交易频繁、小额支付的特点。目前非银行支付机构主要提供基于互联网平台的移动支付业务，通过开通用户的虚拟账户进行资金划拨，通过网联清算平台进行最终清算。

数字人民币的小面额支付应用场景与现有的第三方支付高度重合。但相对于非银行支付机构，数字人民币由国家政府信用作为支撑，具有法偿性，拥有天然优势（见表2）。在安全保障方面，结合了电子支付等成熟技术与先进的技术，安全性能更高；特有的"双离线支付"模式将完美替代现金实物，进一步提升数字人民币的支付便捷性和环境适用性，从而打破目前的非银行支付结构市场格局，机遇与挑战将并存。

表2 数字人民币与第三方支付对比

对比内容	数字人民币	第三方支付
法律效力	等同于实物现金，不得拒收，具有法偿性	可不接受，不具有法偿性
安全性	对标实物现金安全性，数据安全保障更可靠	低于数字人民币
结算模式	人民银行直接结算	通过银行账户体系结算
隐私保护	匿名可控	可匿名、可实名
支付额度	依据实名程度分额度管控	依赖相关银行账户体系的现有额度管理机制
提现手续费	可免费兑换实物现金	提现收取手续费
离线支付	支持	不支持

（五）数字人民币将构建新的钱包支付体系

数字人民币以数字钱包作为交易载体，通过数字钱包进行兑换、支付交易。同时将现有的数字钱包根据信息识别程度划分为Ⅰ类至Ⅴ类个人数字钱包及Ⅰ类、Ⅱ类对公数字钱包，对不同类型的钱包进行分额度管理。

根据目前试点地区的数字人民币钱包使用情况，数字人民币已形成独特的钱包体系，既可以通过现金实物直接兑换数字人民币，又可以通过现有的银行账户体系实现数字人民币与账户资金的自由转换。

新的钱包体系借鉴了现有的账户体系，实现了借鉴与创新相统一（见图1）。在会计核算方面，数字人民币依然遵循"人民银行—商业银行"二元运营体系，但实行总行级"一库式"管理，需设置相应的新会计科目，对数字人民币业务进行统筹会计核算。在清算与差错调整方面，与现有账户体系一致，也需要核算行内与跨行的钱包交易往来情况，但新增钱包与银行账户的核算。因此，数字人民币的发行将重建一个全新的钱包体系，对现有的账户体系也将产生深远影响。

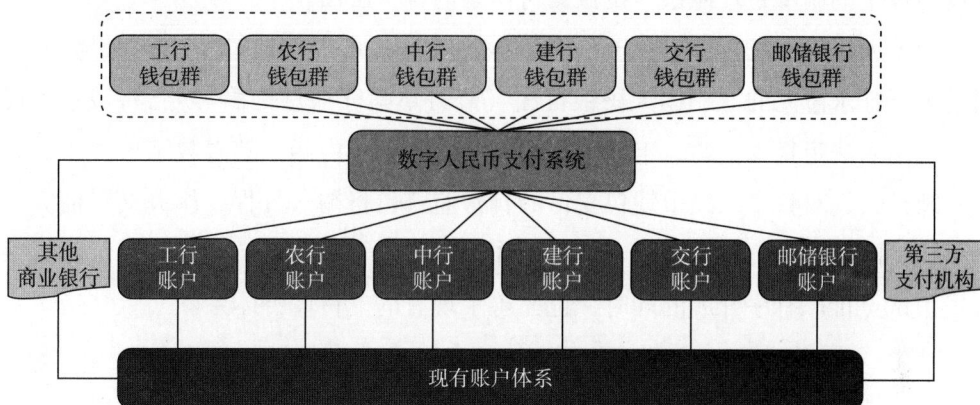

图1　数字人民币钱包体系

1. 影响现有银行账户基础。一方面，目前数字人民币的使用受限于场景应用，在一定程度上依赖现有的银行账户，需要通过银行账户进行数字人民币与活期存款的兑换，会促进银行账户增量的提升；另一方面，数字人民币推出的硬钱包颠覆了现有的银行卡理念，有 SIM 卡、智能手表、IC 卡等多种展现形式，还支持"双离线支付"，满足各类用户的使用需求，会冲击现有的银行卡发卡业务量，在一定程度上减少对银行账户的使用需求，重新调整甚至减少银行账户存量结构。

2. 改变支付系统运行机制。目前，我国传统的支付系统框架主要包含大小额支付系统、同城清算系统、网上支付跨行清算系统、境内外币支付系统、银行卡跨行支付系统、人民币跨境支付系统、网联清算平台等系统，种类繁多、纷繁复杂，支付结算受时间、空间限制较多，流程比较复杂。而数字人民币"支付即结算"特性，减少了各类支付系统之间的支付结算流程，极大提高了支付结算效率，支持 7×24 小时服务支撑，且有效降低了资金在途风险。

（六）数字人民币将完善现有支付监督体系

目前，我国支付体系已拥有一整套成熟有效的监督体系。管理组织层面，由人民银行统一管理，负责我国支付体系的建设与完善、支付结算规则的制定、保障支付系统的正常运行，且先后成立了银联、网联两个专门的清算机构。法律监管层面，制定了以《中国人民银行法》《商业银行法》《票据法》《人民币管理条例》等法律法规为根本，《大小额支付系统业务处理办法》《人民币结算账户管理办法》《银行卡收单业务管理办法》《非金融机构支付服务管理办法》等规章制度为枝干的制度管理体系，覆盖支付体系的各个层面。

数字人民币的发行需要我国法律层面的立法认可以及监管机构的保驾护航，目前公开征求意见的《中国人民银行法（修订草案征求意见稿）》已将数字人民币正式纳入法定货币范畴，丰富了我国货币的定义与内涵。随着数字人民币试点的不断扩大，对数字人民币钱包支付的日常监督也将纳入日程，相关支付清算管理机构将配套设立，各类钱包支付的操作规程、监管制度将及时跟进，保障数字人民币试点推广有序开展的同时，也完善了现有的支付监督体系。

二、数字人民币发展政策建议

数字人民币是我国金融发展的重大战略举措，应加大支持力度，保障数字人民币的正常发展。

（一）进一步加大数字人民币的研发力度

数字人民币目前还处于试点阶段，虽然顶层设计已经完成，但是后续的研究方向与工作仍然复杂繁重。我国应进一步加大对数字人民币研发的支持力度，从人、财、物三个方面提供全面支撑，博采众长，充分借鉴现有金融科技业务的先进科研经验，不断提升数字人民币支付的安全性、便利性。考虑到人民币已纳入国际货币基金组织（IMF）的特别提款权（SDR）货币篮子，数字人民币的跨国结算相关功能也应纳入研发序列。同时，人民银行应继续发挥引领作用，联合六大行等商业银行与非银行支付机构，群策群力，共同参与数字货币技术研发和发行。

（二）进一步加强数字人民币信息基础设施建设

信息基础设施建设是我国建设科技强国的必备条件，也是金融业科技发展的基石。我国应大力推动5G网络、人工智能、大数据分析等新兴科技领域发展，通过政策扶持、税收优惠等方式推动信息基础设施全方位、跨空间建设，扩大网络覆盖范围，打破地域发展不均衡造成的空间制约，为数字人民币的推广普及提供软硬件保障。

（三）进一步健全数字人民币支付监管机制

为打造数字人民币的正常流通环境，我国应建立数字人民币相关的支付监管机制。一方面，要建立健全数字人民币相关的法律法规体系，完善数字人民币支付结算及衍生业务的合规管理、反洗钱、反欺诈、反偷税漏税、反恐怖融资、数据隐私保护等相关法律法规及规章制度。另一方面，要通过大数据分析等方式加强数字人民币交易的监控与分析，实现对数字人民币违法犯罪活动的精准打击，维护金融市场稳定。

（四）进一步促进数字人民币的国际交流

数字人民币的诞生和发展是技术迭代驱动的产物，是顺应数字经济、物联网时代发展，推进金融供给侧结构性改革的关键创新，是维护金融稳定、完善金融基础设施的重要举措，能够有力提升我国在数字经济领域的国际话语权和核心竞争力。为进一步打响数字人民币的国际化品牌，我国应就数字货币加强与世界各国的沟通，通过峰会、论坛等方式分享数字货币研发的技术规范与经验，推动数字人民币标准纳入国际数字货币标准，争取合理的话语权。

三、商业银行应对数字人民币的策略建议

"时至不行，反受其殃。"作为金融领域的发展主体，商业银行应稳抓数字人民币的发展机遇，积极主动融入，推动数字人民币的试点推广。

（一）发挥科技赋能，抢占数字人民币发展先机

数字人民币的发行将使现有的商业银行市场业务重新洗牌。商业银行应保持敏锐的洞察力，在六大行已经参与数字人民币研发的格局下，寻求与人民银行及六大行的数字人民币业务合作。目前，人民银行主要负责数字人民币顶层设计、标准制定，在硬钱包开发、商业银行自有手机银行 App 软件功能方面并未制定统一标准，仍有很大的自主创新空间。商业银行应高度重视数字人民币业务发展，提前布局，发挥自身科技优势，提供相关软硬件配套设施，开创独特的数字人民币服务业务，在新一轮业务发展起跑中抢占先机。

（二）开展广泛合作，打造数字人民币发展生态圈

商业银行应就数字人民币与各方开展广泛合作。一是加强与现有的公司客

户、商户合作，搭建涵盖公众日常衣食住行各方面的数字人民币支付场景，培养公众的数字人民币使用习惯，推动数字人民币的有效使用。二是加强银银合作，通过优势业务实现强强联合，拓展数字人民币的新兴衍生业务，形成数字人民币使用的银行生态圈。三是加强与各地政府的合作，加强数字人民币的宣传与推广，形成广泛的社会效应，进一步提高数字人民币的认知度。四是加强应用场景的创新，发挥创造力与想象力，从细微处分析，深挖应用场景，为数字人民币提供更广泛的应用天地。

（三）做好人才储备，培养数字人民币专业化运营团队

对于商业银行而言，数字人民币属于全新的研究课题、陌生的业务领域。一方面，商业银行应加强与人民银行及六大行的沟通，在寻找合作的同时做好数字人民币的知识储备与人才储备。另一方面，数字人民币发行关系商业银行的各部门，对部门内部协作提出了新的挑战。商业银行应组建全新的数字人民币部门或团队，或成立专门的子公司，并通过外部招聘与内部培养方式打造专业化数字人民币运营队伍，吸纳精通银行现有业务的产品设计、财务会计、法律、科技研发人才，专项负责数字人民币业务的研发与拓展。

参考文献

[1] 巴曙松，张岱晟，朱元倩. 全球数字货币的发展现状和趋势 [J]. 金融发展研究，2020 (11)：3-9.

[2] 陈燕红，于建忠，李真. 中国央行数字货币：系统架构，影响机制与治理路径 [J]. 浙江社会科学，2020 (10)：49-51.

[3] 狄刚. 数字货币辨析 [J]. 中国金融，2018 (17)：52-54.

[4] 范一飞. 中国法定数字货币的理论依据和架构选择 [J]. 中国金融，2016 (17)：10-12.

[5] 王鹏，边文龙，纪洋. "央行数字货币"的概念框架与国际进展 [J]. 产业经济评论，2020 (5)：63-79.

[6] 姚前. 法定数字货币的经济效应分析：理论与实证 [J]. 国际金融研究，2019 (1)：16-27.

[7] 何冬昕. 我国央行数字货币及其发展展望 [J]. 宏观经济管理，2020

（12）：24 – 27.

［8］吴婷婷，王俊鹏. 我国央行发行数字货币：影响，问题及对策［J］. 观察思考，2020（7）：25 – 31.

［9］穆长春，狄刚，赵新宇，等，标准助力开放：ISO 20022 标准在法定数字货币中的探索与应用［M/OL］//中国标准化协会. 第 16 届中国标准化论坛论文集，2019：748 – 753［2022 – 06 – 13］. http：//cpfd. cnki. com. cn/Article/CPFDTOTAL – ZGBZ201910001112. htm.

［10］穆长春. 中国央行数字货币采取双层运营体系，注重 M0 替代［N/OL］. 第三届中国金融四十人伊春论坛，2019 – 08 – 10，https//www. sohu. com/a/351663830 – 479726.

［11］张城铭. 数字货币——关于货币未来形式的大胆设想［J］. 价值工程，2012（3）：115 – 118.

［12］The Bank of England. Central Bank Digital Currency：Opportunities, challenges and design［R］. London：The Bank of England，2020：1 – 57.

［13］European Central Bank. Report on a Digital Euro［R］. Frankfurt：European Central Bank，2020：1 – 55.

［14］ARMELIUS H, GUIBOURG G, JOHANSSON S, et al. E – krona Design Models：Pros, Cons and Trade – offs［J］. Sveriges Riksbank Economic Review，2020（2）：80 – 96.

［15］MIEDEMA J, MINWALLA C, WARREN M, et al. Designing a CBDC for Universal Access（Staff Analytical Note）［R］. Ottawa：Bank of Canada，2020.

［16］WONG P, MANIFF J L. Comparing Means of Payment：What Role for a Central Bank Digital Currency？［J］. Federal Reserve Board，2020：1 – 13.

［17］AUER R, CORNELLI G, Frost J. Rise of the Central Bank Digital Currencies：Drivers, Approaches and Technologies［R］. Basel：BIS Working Papers No. 880, Monetary and Economic Department, August 2020.

疫情冲击下商业银行数字化转型的思考

文/吴飞虹[*]

摘要： 随着新冠肺炎疫情的暴发与扩散，各国生产生活秩序遭到破坏，供应链先后陷入断裂，金融市场动荡不安，失业率急速攀升，全球经济遭受了大萧条以来最严重的经济衰退。本文阐述了疫情冲击下商业银行所面临的挑战，列举疫情之下商业银行数字化金融服务举措和存在的隐忧，最后从文化、数据、技术和运营等方面提出后疫情时代商业银行数字化转型的策略。

关键词： 新冠肺炎疫情　商业银行　数字化转型

面对新冠肺炎疫情的危机与挑战，随之而来的是人们生产生活方式的转变，全民隔离催生了"非接触式""线上化""数字化"服务诉求，非接触式服务一时成为热点。非接触式并不是服务主体远离消费者，而是通过数据与技术的结合实现彼此更好的联结，而联结背后的数字化将产生决定性作用。作为金融服务行业的主体，商业银行理应成为非接触式服务转型的先行者，通过科技与业务的深度融合，实现业务流程、运营管理的数字化赋能，最终乘数字化转型的东风实现银行经营模式的敏捷蜕变，让银行业务完美融入生产、融入生活、融入社会，让金融无处不在。

一、疫情冲击下商业银行面临的挑战

（一）经营业绩整体下滑

疫情对商业银行经营业绩的影响，主要表现在以下方面：一方面，通过发放

＊ 作者单位：中国银行镇江分行财务管理部。

贷款获取利息收入是银行核心收入的重要渠道之一。但受疫情冲击，实体企业停工停产，经营能力受损，间接导致信贷需求减弱。同时，为支持抗疫复工，人民银行不断放松货币和信贷政策，持续下调中期借贷便利（MLF）利率报价，引导信贷利率下行，更多让利实体经济，进而直接影响银行的信贷定价和投放，体现为银行盈利能力的净息差收窄，利息收入下降。另一方面，随着疫情肆虐，影院、餐饮、酒店、商场、旅游、交通等服务产业消费锐减，与此相关的支付结算业务呈现几何级下降，银行从中获得的手续费收入也会明显减少。同时，消费疲软导致银行个人贷款下降、收入大幅减少，尤以信用卡贷款总额或个人贷款业务占比较高的股份制银行受冲击较为明显。

（二）资产质量持续承压

疫情持续发酵和散发确诊案例给经济主体生产生活带来巨大冲击，影响了经济主体还款能力，导致特定行业和客群风险不断暴露，银行资产质量下降。从行业看，文化娱乐、餐饮旅店、交通运输、汽车制造、家居装饰、石油化工等行业企业受到的冲击较大。此外，中小企业及个人客户受疫情影响也相对较大，国内新潮传媒、K 歌之王、兄弟连教育等中小企业先后破产。特别是随着疫情的蔓延，中小微企业和个人客户的现金流大幅减少，违约风险加大，直接导致银行的预期信用损失和不良债权同比大幅增加，不良贷款率上升。

二、疫情之下商业银行吹响数字化"战役"号角

每枚硬币都有两面，危机中同样蕴含着机遇。在突如其来的新冠肺炎疫情冲击下，非接触式金融服务需求凸显，成为各家银行数字化服务能力的一块"试金石"，也为商业银行金融科技转型创造了机遇。大型国有商业银行、政策性银行、股份制商业银行及民营银行等凭借自身数字化积累，吹响数字化"战役"号角，纷纷推出非接触式金融服务，以积极应对不同客群的服务需求，为客户带来高价值回报和服务体验。

（一）金融监管政策支持力促金融服务线上化

为了保障疫情期间金融服务的正常化运行，中国人民银行、银保监会迅速开展行动，及时出台金融支持政策。2020 年 1 月，银保监会发布《关于加强银行业保险业金融服务配合做好新型冠状病毒感染的肺炎疫情防控工作的通知》，要

求保障金融服务顺畅，鼓励积极运用技术手段，在全国范围特别是疫情较为严重的地区，加强线上业务服务，提升服务便捷性和可得性。2020年2月，人民银行、财政部、银保监会等五部门联合发布了《关于进一步强化金融支持防控新型冠状病毒感染肺炎疫情的通知》，要求金融机构在全国范围，特别是疫情较为严重地区，拓展线上金融服务，强化网络银行、手机银行、小程序等电子渠道服务，优化和丰富非接触式服务的渠道和场景，提升服务便捷性和可得性。可见，此次疫情也是对商业银行金融科技能力的一次"检阅"。事实上，近年来，银行业对金融科技的投入力度也在逐年加大。金融科技的技术研发与运用，最终将促进银行成本和风险的下降，带来运营效率、客户体验和业务规模的提升，为商业银行降本增效和业务转型提供持久的技术动力和保障。

（二）线上服务多措并举纾解企业融资困境

为了纾解受疫情冲击的中小企业融资困境，为疫情相关行业（如医药、防疫物资生产等）提供及时资金援助，商业银行依托线上平台，满足企业多种金融服务需求。例如，中国银行依托全球化业务优势为客户提供在线结汇、电子单证结算与融资、在线跨境汇款、在线保函、在线跨境资金池以及全球现金管理等服务。交通银行通过"线上贷审会"等方式为贷款审批业务提速增效。民生银行依托中小企业服务平台"民生财运"，在线提供云账户开户、财富管理、全球速汇、网络融资等25类金融服务。光大银行依托"阳光供应链云平台""阳光e结算"等平台，支持企业线上办理出口付汇、单证结算、融资及外汇衍生品等业务。渤海银行实行"双线上受理审批"的模式，即通过"钉钉"办公软件线上审批、行内系统线上操作，新年假期和疫情期间持续审批、高效审批。

同时，各家银行充分发挥线上产品优势，满足企业足不出户办理信贷产品的需求。工商银行通过"经营快贷""e抵快贷"，交通银行通过线上抵押贷、线上税融通等产品，为普惠客户提供额度高、利率低且便捷的线上融资服务。建设银行通过网络供应链"e信通"产品，为产业链核心企业的上游供应商提供快捷融资渠道，供应商根据核心企业开出的"融信"（电子付款凭证），无须评级授信，点点鼠标即可融资。民生银行供应链金融"信融E"产品实现了线上申请、智能审核、远程开户、线上协议签署及自动化审批放款等，仅用30分钟完成了获批药物"肺炎一号"受托生产制药公司的贷款发放。兴业银行通过"兴享"供应链平台，为企业提供在线申请、审批、放款等业务，满足疫情防控企业金融需求，为湖北、湖南、上海、山东、辽宁等多个省份疫情防控企业提供供应链融资超过 10 亿元。

为帮助全国小微企业抗击疫情渡过难关，缓解经营困难助力有序复工复产，全国工商联会同网商银行，与邮储银行、浦发银行、中信银行、招商银行、广发银行、富民银行等 25 家银行合作，依托积累的电商、外卖线上小店的数据，基于金融科技的创新，启动"310"贷款模式，即 3 分钟申请、1 秒放款、0 人工干预，为 850 万小店下调了 20% 的利息，对近 4 万家小微企业客户进行扶助，涉及可享受利息减免的贷款规模达 1.52 亿元，是金融科技助力实现"无接触贷款"融资支持的一次服务见证。

（三）生态引流场景融合提升战疫服务线上化

此次疫情催生商业银行丰富完善场景生态，围绕与疫情相关的医疗、政务、民生等重点领域，相继推出抗击疫情线上专属服务区，提升线上客户的引流、转化和维护能力。中国银行在手机银行 App、微信公众号等全面开通疫情实时查询功能，为客户提供权威、全面的疫情实时动态。同时，联合当地教育机构开展"线上驻校"业务创新，为客户提供多样化的产品教学；建设银行携手微医上线"新冠肺炎实时救助平台"，提供远程医生问诊、疫情防控知识等服务。紧急部署在"建融慧学""建融智医"平台新增疫情防控相关功能，精准触达师生、医患等特定人群；农业银行在掌上银行上线"微医互联网医院"在线诊疗平台，实现农业银行客户对接全国 4.6 万多名呼吸、感染和内科专家的线上问诊服务，减少了医院就诊的交叉感染概率。同时联合商家与物流，对接外部平台，为客户提供线上购买蔬菜等生活物资服务和线上购物配送服务；民生银行在手机银行生活圈紧急上架口罩、护目镜、酒精、消毒液等商品，满足防疫需求，吸引零售客户。

（四）数字运营专属理财提升改善用户体验

疫情暴发以来，多家银行敏捷设计并发行"抗疫"相关理财产品，引导理财资金输血"抗疫"企业。涉及银行涵盖全国性布局的国有大行与股份制银行，也涌现出贵阳农商行、中原银行、重庆银行等中小银行的身影。中国银行发行"白衣天使专属"和"军人专属"两款专属理财产品，回报较该行其他产品具有一定优势；农业银行陆续推出"加油湖北"专享、"致敬·医师"专享、"致敬·军人"专享三期抗疫理财，并且三类产品均属于"金钥匙·安心得利·灵珑"系列封闭净值型理财产品；交通银行推出抗疫精选产品，起购金额低至1元，募集资金将投向生产防疫用品的优质重点企业及其他抗击疫情相关领域。

为了最大限度满足零售用户的金融服务需求，商业银行通过手机银行App、微信小程序等平台将线下服务线上化，集成了包括账户管理、支付转账、生活缴费、投资理财等在内的综合零售服务。浦发银行通过"AI客服+远程人工"相结合的方式，实现24小时在线服务能力，及时回应用户的迫切需求；建设银行通过"建行到家"，突破了时间和空间的局限，实现客户线上下单、银行接单处理、快速配送、客户收件的一体化服务流程；邮储银行推出客户经理云工作室，通过客户经理的个性化配置，有针对性地进行线上产品推介、热门活动展示以及部分业务办理，将线上场景生态与线下地推优势相结合；交通银行引导客户选择"买单吧"App，提供线上服务和智能电话语音服务。

三、疫情冲击下银行业数字化转型的隐忧

新冠肺炎疫情冲击既是发生在科技变革时代、银行业转型升级过程中的"黑天鹅"事件，对商业银行而言也是一场压力测试的"试金石"，有助于商业银行认清自身在数字化转型中存在的不足和隐忧。特别是疫情冲击下的人员隔离，迫使商业银行重新评估原有的工作流程，把所有的关注点和力量聚焦于数字化赋能和客户价值创造，全面进入数字化转型的实践赛道，形成未来重要的竞争力。

（一）基于超强感知能力的精准画像不足

发展超强感知能力是培养商业银行数字化敏捷性业务的第一步。商业银行必须对客户及其不断变化的需求和喜好保持超强感知，通过多元化、多渠道、多维度的数据信息收集和智能分析，深入了解客户行为方式、洞察识别客户情感体验，并利用这些信息集成360度的客户画像，创造客户所需的全新、改良的产品和服务。事实上，在新冠肺炎疫情冲击下，受到商业银行数据质量不佳、数据来源受限、组织协同欠缺等多重因素制约，银行数字化金融服务的推动存在市场难点。在数据治理方面，商业银行虽坐拥海量客户信息和交易数据，但由于数据的标准和口径不一，数据来源渠道割裂缺乏整合，导致数据基础信息不实、质量参差不齐，难以综合利用为客户提供其所需所想的金融服务。在数据信息来源方面，商业银行拥有的主要是客户自身属性的基础信息和资产数据，包括客户年

龄、性别、职业、存贷款余额等信息要素，而对于客户社交属性的行为偏好、消费偏好、价值偏好等数据信息仍较为欠缺，数据收集的广度和深度制约了为客户提供综合金融服务的范围。面对此次疫情的暴发，不少商业银行在小微企业的各项信用、交易数据等外部信息收集方面普遍不足，难以对小微企业的征信记录、交易情况等在线上进行全面调查，为其提供线上非接触式服务也难以推进。

（二）基于明智决策能力的精准定位不足

明智决策能力是商业银行数字化业务敏捷性的关键。如果商业银行无法根据收集的客户信息和数据形成明智的战略决策、产品研发和营销方案，即便拥有对客户及其不断变化的需求和喜好保持超强感知能力，也无济于事。这需要商业银行充分运用先进的技术手段和模型工具，以场景化、数字化和生态化的思维构建各类场景、平台和渠道，聚合形成全息定位的有机整体，合力为客户提供差异化、多样化和定制化的金融解决方案，实现极致的客户体验。虽然，近年来商业银行在互联网场景渠道建设方面取得一些进展，不少手机银行普遍推出涵盖衣食住行、医药娱乐、电商购物与智能投顾等应用场景，但总体来说都不够深入人心、宽度拓展受限、成效并不显著。此次疫情冲击下，与头部支付机构所提供的丰富社交场景、快捷支付方式相比，商业银行的非接触式服务应用场景缺乏高频点击，用户登录次数不多，客户黏性明显不强。此外，基于疫情快速反应推出的个性化银客键接系统不多，场景化项目渗透率不高，获客活客的广度深度不够，对客户的锁定功能未能取得实质性突破。特别是，疫情冲击导致线上需要提供普惠贷款的客户暴增，而商业银行传统风控技术模式难以满足业务需求，在线上无法为业务成本和风险溢价过高的长尾客户提供金融服务。

（三）基于快速执行能力的精准施策不足

快速执行能力是商业银行数字化业务敏捷性的精髓。而要获得快速执行能力，商业银行必须从"资源"和"流程"两条战线双管齐下，重塑组织架构、文化理念、业务流程和运营管理，进而快速实现智能人才分配、动态流程管理以及开放平台运营的变革目标。此次突如其来的新冠肺炎疫情，既是对商业银行数字化业务敏捷性的检验，也充分暴露了商业银行在流程变革和平台连接等方面快速执行能力的不足。一方面，商业银行现有层级分明的管理体系，难以形成跨部门、跨机构和跨条线的协同机制，缺少强有力的中台服务以及应对市场的更替迭代，进而无法满足客户基于聚合功能的产品需求，推出诸如新兴互联网银行打造的"微粒贷"等爆款产品。另一方面,一些商业银行干部员工在数字化转型变革方面缺乏理念认同、存有抵触情绪。部分银行人力资源结构不合理,中后台人数占比偏高,数字化专业人才队伍匮乏,快速响应客户需求的能力不足,主动服务社会经济发展能力较弱,创新能力亟待提升。

四、疫情冲击下商业银行数字化转型策略

后疫情时代,商业银行应把握数字化发展机遇,适应新趋势,加快高质量发展。疫情危机按下了商业银行数字化进程的快进键,而商业银行的数字化既是应对疫情危机的有效手段,也是加快商业银行转型升级的重要路径。数字化转型的终极目标就是通过科技与业务的深度融合,实现业务流程、运营管理的数字化赋能,最终实现银行经营模式的敏捷蜕变,为客户创造最大价值。

(一)在文化理念上加快"转换",融入数字思维,激活"组织细胞"

数字金融的精髓正是数字银行的文化,商业银行只有持续推动数字文化理念的变革,将这种文化融入组织体系、流程架构、产品设计、技术研发以及客户体验中,才能最终实现数字服务金融、创造美好生活的根本目标。一是要融入平等、包容的创新文化。商业银行要改变以往创新因风控而瞻前顾后、停滞不前的局面,加快完善创新决策的"容错"机制,营造"允许试错、包容失败"的氛围,弘扬勇于创新、充满活力的奋斗者精神。二是打造和谐、共生的协作文化。商业银行要破除以往层级制的条条框框束缚,以客户为中心,以项目为抓手,跨部门跨层级组建协同作战,将线上化服务的方式、理念和跨条线组织进行系统化数字改造,不断适应银行业务、客户需求和市场变化。三是建立开放、赋能的共享文化。商业银行要主动"走出去",利用数字技术和外部第三方进行合作,通过资源共享、优势互补,为客户提供衣食住行全方面的金融服务,打造共生共赢的生态金融圈,让金融服务更加便捷、高效,重塑商业银行核心竞争力。

(二)在数据运用上加快"创新",推进数据治理,打造"敏捷身手"

疫情加速推进商业银行数字化转型进程,数字化银行也正在从一种转型的方式进阶到整个银行业创新的核心动力。要想在飞速发展的数字化时代立于不败之地,商业银行在数据运用上重点宜抓住以下几个方面:一是加快数据治理。要把数据作为核心资产来管理,从客户信息治理开始,丰富客户信息的采集维度与客

户信息模型，从全局视角对数据进行管理，建立一套统一的数据标准，逐层递进做好数据治理、数据管理、大数据应用，打通数据的内外边界，最大限度地释放数据的流动性和效用性。二是持续数字赋能。从战略层面加速推进数字化银行系统工程建设，以业务价值为中心，应用人工智能、移动互联、生物识别、大数据等领先科技，整合行业内外、线上线下、跨界生态等各类数据，全面掌握客户行为和需求，通过深度挖掘与智能分析，构建客户数据资产统一视图，不断迭代升级客户服务模式，推动数字技术和业务深度融合。三是强化数据安全。数据管理工作是银行数字化转型的基础，而数据安全则是银行数据管理工作的前提。商业银行应加强数据全生命周期管理，从数据的收集、整理、清洗到运用，形成一个稳定、可靠、高效的数据脱敏管理机制，用于减少监管审查风险，保障数据使用安全。

（三）在技术领域上加速"渗透"，夯实数字基建，锻造"最强大脑"

商业银行数字化转型离不开新型基础设施（以下简称新基建）的底层支撑，而新基建的核心就是连接物理世界和虚拟世界，促进更高效的互联互通。以5G、人工智能、工业互联网、物联网为代表的新基建将加速商业银行数字化转型的纵深推进，加快数字化服务的全产业链渗透。一是加快5G智慧网点建设。智能化、5G是未来银行网点的转型主线。基于"金融＋科技＋生态"融合的整体思路，商业银行应综合运用人工智能、生物识别、物联网、全息投影、VR/AR、大数据等前沿新兴科技，着力打造新一代智慧银行网点，建立从网点外到网点内的一整套客户服务，实现联结无感、服务无界和体验无限。二是打造全场景金融生态圈。依托新基建基础设施的落地应用，将金融服务与交通、教育、医疗、养老、住房、社区、购物、旅游、公共服务等各领域全连接，使各种生活场景、定制服务触手可及，构建开放创新、"线上＋线下"、"金融＋非金融"、因时因地的场景金融生态体系。三是全方位赋能普惠金融的可持续发展。利用"5G＋物联网"建立与中小微企业的连接，克服以往的地域、时间、信息不对称等问题，由点到面将银行信息触角从单一企业延伸到整个产业链，实现产业链上中下游的数据信息整合，使金融服务持续下沉，更好地满足社会各类群体的金融诉求，拓宽普惠金融的深度和广度，构建开放化、智能化的数字普惠金融良好生态。

（四）在运营管理上加快"迭代"，协同创造价值，淬炼"强健体魄"

银行业正在进入银行4.0（Bank 4.0）时代，围绕数字用户资产的管理、提升、转化和变现，紧跟领先数字化银行实施精细化运营管理，成为银行数字化落地的重要环节。一是强化精细集中运营。将复杂的数字化银行概念和技术转化为具体的客户维护、产品营销和线上线下运营，推动流程、授权、制度、风险管控转型，构建智能化、精益化的运营体系，实现客户需求敏锐洞察、产品服务差异定制、营销信息精准推送、管理决策实时智能，进而提升运营架构的敏捷弹性和适应能力。二是推进智能风控体系。商业银行应将数字化浪潮带来的新算法、大数据等新技术手段，更好地融入风控管理中，完善风险评估为银行创造出额外价值。特别是利用先进的分析方法和机器学习工具，融入内外部客户数据，通过对客户、账户和消费行为的综合分析，实现从数据采集、加工、分析、模化、迭代的智能风控闭环管理，构建智能反洗钱、实时反欺诈、大数据集中管理的全球领先风控体系。三是加强人才队伍建设。在人才支撑方面，围绕数字化转型战略规划和实际需要，建立健全科技人才选、育、流的体系，拓宽人才引进渠道，着力培养技术骨干和领军人才。通过完善人才结构和薪酬激励制度，在前中后台各业务领域打造技术领先、充满活力的数字化技术队伍，使金融科技人才越来越多，为数字化转型奠定坚实的人才根基。

参考文献

［1］赵志宏．商业银行数字化转型已是大势所趋［J］．金融博览，2020（7）：11.

［2］李庚南．打牢非接触银行可持续发展的制度基础［J］．中国银行业，2020（4）：36.

［3］杨涛．商业银行数字化转型的重点与路径分析［J］．农村金融研究，2019（7）：9.

金融监管

人工智能在金融领域的应用和监管

文/王江峰　刘红玉[*]

摘要：金融科技已成为推动金融领域发展的重要部分。无论是从金融消费者还是从金融机构的角度，人工智能（AI）为金融领域的广泛应用带来了更好的消费体验（如智能客服）、提升了金融服务水平（如智能投顾）。但同时，AI技术和系统的应用，也使金融行业面临特定的风险（如算法歧视等）。如何引导金融机构最大化AI技术在金融领域应用的成效，并最小化其风险，是监管机构面临的难题。本文在分析境内外对AI应用监管现状的基础上，提出完善我国金融部门应用AI技术的相关政策建议。

关键词：人工智能　算法　金融监管　政策建议

一、人工智能（AI）的内涵

FSB（2017）认为含机器学习（Machine learning）在内的，所有可替代原使用人工处理工作的计算工具，从广义上讲均属于人工智能（AI），并指出AI将显著改善金融机构为客户提供金融服务的方式以及机构内部的操作和风险管理等。欧盟委员会（2018）将AI定义为"为达到特定目标，可以自主分析环境和采取行动的智能行为。AI系统可以是语音助手、图像分析软件、搜索引擎、语音或人脸识别系统等，以软件为基础且应用于现实世界；也可以内嵌于硬件系统中，如高级机器人、自动驾驶汽车、无人机或物联网应用等"。总体看，AI技术与原基于数学模型或算法的应用技术（如识别可疑交易的软件系统）相比，存在以

---

* 作者单位：王江峰，中国人民银行天津分行；刘红玉，中国人民银行天津分行。

下不同：一是具有决策功能；二是具有更强的自主性；三是具有学习能力。基于以上特点，AI技术在金融领域的应用在提升金融服务效率、水平的同时，也使金融机构面临不同于以往的风险。

二、AI 在我国金融领域的应用

AI技术作为金融科技的一部分，在我国已得到了广泛应用。金融领域应用AI系统，可以分为面向客户和非面向客户两种类型。这两种类型的系统应用可能引发风险的范围、严重程度有较大差异。本文主要讨论金融领域面向客户使用的AI系统。

（一）智能客服与营销

基于语言识别与自然语言处理技术发展起来的智能客服业务，能够实现与客户的沟通，并就客户的实际需求整理记录，为满足客户需求奠定良好的数据和技术基础。如目前多数国有银行、股份制银行均在网银、手机和电话银行中通过声纹和语音识别、语音合成、自然语言处理等技术手段，为客户提供智能客户服务，既有利于节约人工成本，也可提高客服质量。又如，保险理赔业务中，通过应用人工智能实现图片定损、汽车模型匹配与损伤评估等，可以实现智能人员调度、急速定损理赔等，极大地提高了定损理赔业务效率。此外，人工智能还有助于制订个性化营销方案、提高营销精准度和效率。

（二）智能反欺诈

AI技术的发展使客户的行为和特征数字化、量化，通过机器学习、算法模型可有效识别可疑交易，对可疑交易和账户进行预测、预警，实现对风险交易的事前预防、事中堵截和事后处置。因此，AI技术在反欺诈、反洗钱等领域应用广泛。例如，中国银联实时风控系统实现对每笔交易的实时风险判断和评分，能在50毫秒内给出判断结果，在不影响业务正常运转的前提下，可有效帮助阻截可能的伪冒交易；工商银行运用ORC中的拼接图像防伪等技术，联动税务等外部数据信息，识别虚假合同、作废发票等融资背景证明材料真伪，防范骗贷风险。

（三）机器人流程自动化（Robotic Process Automation，RPA）

机器人流程自动化是一种智能自动化软件，通过模拟并增强人类与计算机的交互过程，实现工作流程的自动化。例如，截至2020年9月，建设银行共上线300余项自动化应用，日均RPA执行1.8万余次，运行成功率在95%以上，日均释放人力近 3000 小时；广发银行上线实施 RPA 应用后，备案类账户测试准确率与及时率达到 100%、自动报送准确率与及时率达到 100%、报表生成效率提高 98%；中央银行会计核算数据集中系统（ACS）中也应用了 RPA、人工智能等相关技术，实现了大部分会计核算业务的自动化处理。

（四）智能投顾

与传统理财相比，智能投顾成本较低、投资领域较广，整个过程更易操作、透明度更高、个性化更强。智能投顾中算法和模型的应用，使投资选择和策略更为多元化。例如，工商银行的"AI 投"，含 AI 指数、AI 策略和 AI 智投三大板块。其中，AI 智投是基于海量数据，对投资者进行精准画像，并借助量化模型选取基金产品，再构建基金产品组合，达到大类资产配置和分散投资风险的目的，按照 3 个投资期限、5 个风险等级生成投资组合共 15 个。此外还有建设银行"龙智投"、中国银行"中银慧投"等。

（五）智能监管

为提高监管的有效性，部分监管领域也应用了人工智能技术。例如，广东省地方金融风险监测防控中心利用人工智能、大数据、区块链和云计算等科技手段建设功能完备和模式创新的"金鹰系统"，监测企业超过 25 万家，涵盖 21 个地区、14 个行业，含私募基金、投资公司、网络借贷中介等风险企业较多行业，通过监测预警、舆情监测、金融广告监测、投诉举报情况收集等，实现对金融业风险信息的收集、预警等。

（六）经济预测

AI 模型不仅可以处理不同类型数据（如图片和文本），而且可以轻松处理大量变量，可以用于替代因无法处理大量计算而只好简化假设的传统经济模型，并依据数据推断变量之间的关系类型（包括非线性和交互作用），使预测模型免受人为选择关键预测变量和确定变量之间假定关系的干扰。因而与传统预测模型相比，AI 模型用于经济预测效果更好。

三、AI 在金融领域应用存在的问题

（一）算法歧视

一是大数据杀熟。其核心实质是平台通过客户画像等技术手段，对广大消费

者实行差异化定价，侵占消费者剩余，侵害消费者利益。在大数据的推动下，算法价格歧视能够将潜在客户群体解析为越来越精细的子类别——每个子类别都与不同的价格相匹配。在某些情况下，甚至可以设置个性化定价，即根据需求曲线为每个消费者设定不同的价格。在金融领域，金融机构可以使用 AI 算法评估潜在借款人的信誉或风险，还可以确定特定借款人愿意为贷款支付的最高利率或客户愿意支付保险费的最高溢价，而因此侵占部分甚至全部消费者剩余，导致消费者权益受损。二是引发金融排斥。算法基于数据产生结果。当模型选择存在偏差或算法所依赖的数据集选择存在偏差时，如在已有数据集中表现较差的人群无法获得良好的信用评分，就可能导致其无法获得相应的金融服务，导致金融排斥。更有甚者，消费者可能都没有意识到已经被拒绝提供某些金融服务，实际其已经受到了歧视。

（二）权责不清

AI 系统在金融领域中，面向客户使用，并由其作出决策时，决策后果应由谁承担是个难题。显然，AI 系统本身并不具备承担决策后果的资格。理论上，金融机构高管或是系统的设计者对于 AI 系统产生的错误决策结果应承担相应责任。但应如何承担、各承担多大比例在实践中也是个难题。若 AI 系统由第三方机构提供金融机构使用，则情况更为复杂，金融机构与第三方机构之间、金融机构内部如何区分权责义务因此成为亟待解决的问题。

（三）信息黑箱

一是 AI 系统决策结果基于数据和算法，无论在金融机构内部还是当金融机构面对消费者质疑时，金融机构均可能对其决策结果和决策过程无法提供合理解释，从而影响消费者的知情权。二是当由第三方提供 AI 系统并掌握其关键数据或核心算法时，金融机构可能无法掌握 AI 系统全部细节，导致存在"信息黑箱"。三是考虑 AI 系统的专业性，无论是内部审计还是外部监管，全面了解和掌握 AI 系统应用情况，对其决策结果是否符合预期、是否存在系统性偏差进行评估，存在较大困难。

（四）引发数据风险

数据采集和使用是 AI 系统成功应用的前提。金融机构存在超范围采集数据，如将个人敏感数据、非脱敏数据应用于 AI 系统，或利用第三方提供的违规或非法采集数据等问题。特别是当 AI 系统应用于客户信用评价、发放信贷等业务时，金融机构更有可能违反"最小数据"原则，擅自扩大数据采集范围、类型等。当金融机构使用第三方提供的 AI 系统或将相关业务外包时，可能需要将消费者数据向第三方提供，因此也有可能涉及隐私数据保护或数据泄露的问题。

（五）可靠性风险

一是非常态环境引发的可靠性风险。稳定经济条件是 AI 系统输出可靠结果的前提。如 AI 系统受到新冠肺炎疫情等突发冲击，其所依赖的源数据无法涵盖整个经济周期时，AI 系统输出的结果通常会不准确。因此，AI 系统不仅需具备较强的学习能力，还需持续的人工反馈，才能确保其输出可靠结果。二是相同策略引发的系统性风险。Chaboud 等（2014）发现算法交易者的策略（不一定基于机器学习算法）比人工交易更相似，Jain 等（2016）研究表明，东京证券交易所引入高速交易平台后，针对协同交易的增多而增加了多项系统风险措施。因此，如果多数市场参与者遵循相似的交易策略，他们的协同行为可能产生系统性风险。人工交易者可能遵循不同的思想流派，具有个人偏好和动机，而基于相同数据和收益函数的机器学习算法，会产生类似的策略，因而更可能因相同策略而引发系统性风险。

（六）操作风险

与其他金融机构使用的系统类似，AI 系统也可能面临操作风险，包括误操作风险、系统故障、网络中断风险、算法不当风险、第三方机构风险等。AI 系统也有其特殊的系统性风险。如"内部人"通过操纵数据或处理流程，控制决策结果而产生系统性偏差，考虑到 AI 系统处理过程的"信息黑箱"效应以及较难对系统结果直观评估等，因而引发的风险也就更大。

四、人工智能监管实践

国际层面，境外对 AI 实施监管主要采用以下两种方式：一是依托已有法律框架实行管理。基于 AI 应用所产生的如侵害消费者利益、涉嫌歧视、数据泄露等问题，并非其特有，在原有法律框架内已对相关违规行为有明确界定和处罚，因而可对金融机构使用 AI 涉嫌违规的行为纳入已有法律框架进行处理。二是制定出台非强制性的指导原则。经济合作与发展组织（OECD）和二十国集团

（G20）制定的 AI 原则[①]在国际上广泛应用。AI 原则基于最大化社会利益，主要涉及五个方面，即对人有利、遵守法律和保障人权、透明度和负责任的披露、持续的风险管理和问责机制。其中，欧盟针对 AI 使用率先出台监管草案，德国、新西兰、新加坡、美国和中国香港也出台了针对金融部门 AI 使用基本原则。近期，欧盟发布了《人工智能法》（草案），将为所有行业制定统一的 AI 规则，这在世界范围内尚属首次。

截至 2021 年末，我国尚未出台专门针对金融领域应用 AI 的法律或部门规章。2019 年，人民银行印发《金融科技（FinTech）发展规划（2019—2021年）》，要求稳步应用 AI，稳妥推进 AI 技术与金融业务深度融合。2021 年，人民银行发布了《人工智能算法金融应用评价规范》，从安全性、可解释性、精准性和性能等方面对 AI 金融应用算法评价框架提出了基本要求、评价方法和判定标准，为金融机构加强智能算法应用风险管理提供指引。2021 年颁布实施的《中华人民共和国个人信息保护法》，明确了个人信息定义以及个人信息处理要求，特别规范了自动化决策的事前、事中和事后环节处理要求。

五、政策建议

（一）深化 AI 技术在金融监管领域的应用

AI 的应用可以提升监管机构的工作效率，更好地发现隐藏在数据中的风险。例如，监管机构无法仔细研究被监管机构所有报告和会议记录，而利用 AI 可通过扫描主题或生成文件摘要的方式识别相关文件。与金融机构相比，金融监管部门对科技的投入有待进一步加大，其监管科技水平滞后于金融机构对金融科技的运用水平。例如，越来越多的金融机构将 AI 等金融科技应用于支付反欺诈等领域，并取得了较好成效。但监管部门缺乏有效手段或资源对其算法或模型的有效性进行评估并督促其改进。建议完善金融领域监管科技发展顶层设计，加快基于 AI 等技术的监管科技工具开发，丰富监管手段，提高监管效能。同时应重视对监管科技人才的培养，重点培养一批既懂金融又懂科技的复合型人才。

[①] AI 原则指 OECD 2019 年 5 月发布的 "OECD Principles on artificial intelligence" 和 G20 2019 年 6 月发布的 "G20 ministerial statement on trade and digital economy"。

（二）出台 AI 分级分类管理措施

建议参考欧盟《人工智能法（草案）》有关做法，将 AI 在金融领域的应用实行分类分级管理，即分为高风险、中风险和低风险应用，并有针对性提出由高到低的监管要求。同时，建议将《人工智能算法金融应用评价规范》细化在金融业务监管规则中，并通过完善标准、测评和认证等环节，规范金融机构科技创新应用，实现金融科技行业标准与金融监管的有机结合。

（三）防范第三方风险

第三方服务商通过 AI 系统许可和数据输出（如信用评分）等方式向金融机构提供 AI 服务，可能使金融机构因知识产权归属受限。过度依赖第三方服务商还可能导致依赖风险，特别是考虑到大型科技公司越来越多地为金融机构提供基于人工智能等技术的科技输出。在我国此类情况也较为明显，如某一家公司为全国 3000 余家金融机构提供的 16 大解决方案，覆盖营销获客、风险管理和客户服务全流程，包括数据管理、智慧经营到云平台的底层技术服务等。建议规范第三方服务商基于 AI 为金融机构提供的金融服务，确保金融机构与第三方机构双方权责明确。

（四）强化金融领域 AI 应用监管

一是防范数据风险。金融监管部门应指导督促金融机构严格落实《个人信息保护法》等相关法律要求，并适时制定出台《金融数据使用和管理指引》，明确金融机构在处理业务过程中获取数据的使用和处理权限，加大对违规收集使用数据行为的处罚力度。二是建立责任制。AI 替代人工作出决策使传统上将金融机构出现问题的责任归于其高管的做法可能不再妥当，特别是当算法模型由第三方机构提供的时候。建议金融监管部门在建立 AI 分级分类管理制度的基础上，明确金融机构应用 AI 的责任主体以及各方职责，确保相关各方权责对等。

参考文献

［1］欧阳日晖．中国数字金融创新发展报告（2021）［M］．北京：社会科学文献出版社，2021.

［2］Buckmann M，Haldane A，Hüser A C．Comparing Minds and Machines：Implications for Financial Stability［R］．London：Bank of England Staff Working Paper，

No. 937，2021.

［3］Prenio J，Yong J. Humans keeping AI in Check － Emerging Regulatory Expectations in the Financial Sector ［R］. FSI Insights on policy implementation，No. 35，2021.

支付监管视角下《反电信网络诈骗法（草案）》的法教义学分析及其启示

文/陈泰林[*]

摘要： 为贯彻落实党中央决策部署，完善反电信网络诈骗法律制度建设，2021 年 10 月 19 日，《中华人民共和国反电信网络诈骗法（草案）》（以下简称《草案》）在十三届全国人大常委会第三十一次会议上提交初次审议。这部系统、综合、针对性强的专门法律，将为反电信网络诈骗建立起强有力的法律制度保障，同时对支付监管工作具有深远影响。为充分领会《草案》立法精神和价值取向，明确支付监管未来的工作方向，本文遵循法教义学的基本立场，以从严打击电信网络诈骗活动为出发点，以条文规范为证立的依据，在二者之间不断运用支付结算监管经验和价值判断进行了填充分析，并为支付监管工作提出了几点启示，以供参考。

关键词： 电信网络诈骗 支付监管 账户

一、《草案》立法背景及其价值取向

（一）电信网络诈骗犯罪形势依然严峻

随着互联网和电信产业的迅猛发展，电信网络诈骗犯罪已成为当前发案较多、损失较大、群众反映比较强烈的突出犯罪。最高人民法院官网最新发布的《网络犯罪司法大数据专题报告》显示，2016—2018 年网络犯罪案件办结共 4.8 万件，案件量及在全部刑事案件总量中的占比均呈现逐年上升趋势，三成以上网

---

* 作者单位：中国人民银行重庆营业管理部。

络犯罪涉及诈骗罪，占比最高。电信网络诈骗犯罪已成为侵犯公民财产安全的社会公害，总体呈现以下特征：一是虽然电信网络诈骗犯罪直接目的是获取经济利益，但在造成直接经济损失之外，引发次生危害后果的案件日益增多。二是目前绝大部分电信网络诈骗犯罪是团伙作案，犯罪链条化运作的方式更加明显，各环节分工明确，流程化完成诈骗行为。三是电信网络诈骗犯罪分工的精细化催生了大量为不法分子实施诈骗提供帮助和支持，并从中获利的黑灰色产业链，这些黑灰色产业链加速了电信网络诈骗犯罪的蔓延。四是不法分子诈骗手段花样翻新快，新手法层出不穷，更加隐蔽、更具有迷惑性。

（二）单纯的刑事立法已难以适用全民反诈形势

近年来，在《刑法》已对诈骗罪有系统规定的基础上，最高人民法院、最高人民检察院等多个部门发布了多部制度文件①对电信网络诈骗犯罪进行细化。整体来看，我国已经实现了对电信网络诈骗刑法干预的早期化与严密化。不仅处罚电信网络诈骗的既遂行为，而且处罚电信网络诈骗的未遂行为，甚至还明确处罚电信网络诈骗的预备行为；不仅处罚直接实施电信网络诈骗的实行犯，而且明确处罚为他人实施电信网络诈骗提供帮助的帮助犯；不仅处罚具有帮助他人实施电信网络诈骗的明确故意的诈骗帮助行为，而且处罚使电信网络诈骗得以实施的侵犯公民个人信息的外围支持行为，基本实现了对本罪及其上下游关联犯罪的全链条、全方位打击。但是，打击电信网络诈骗毕竟是一个需要全社会、多部门参与的系统性工程，仅依托刑事一元治理、事后惩治，一味强调电信网络诈骗的刑罚力度已日显乏力，逐渐难以适用电信网络诈骗犯罪的发展形势。

（三）关于《草案》的价值取向

一是治理方式从一元治理转向多元治理。《草案》跳出了相对狭隘的刑法视野，从社会治理的高度进行审视，紧抓人员流、信息流、资金流、技术流等行业治理主线，完善电话卡、物联网卡、金融账户、互联网账号有关基础管理制度，加强对涉诈相关非法服务、设备、产业的治理。将刑事惩治、行政监管、行业自律、技术防范、防范教育予以统筹协调，既要严惩又要严管，实现对电信网络诈骗犯罪的全链条打击，具有重要意义。

---

① 相关制度文件具体有《关于办理诈骗刑事案件具体应用法律若干问题的解释》《关于防范和打击电信网络诈骗犯罪的通告》《关于办理电信网络诈骗等刑事案件适用法律若干问题的意见》《关于办理电信网络诈骗等刑事案件适用法律若干问题的意见（二）》《检察机关办理电信网络诈骗案件指引》等。

二是治理重心从事后惩治转向事前预防。不可否认，依法严惩电信网络诈骗犯罪，对于恢复百姓的基本安全感、稳住基本的社会信任具有积极意义。基于此，针对电信网络诈骗犯罪的情节和数额，刑法上也早有从重处罚的空间和机制。[①]

从经济学角度看，伴随事后惩治力度的逐级加码，严惩所产生的边际社会效用会呈现递减规律。当边际社会效用为零时，甚至会造成社会治理总效果的负增长。为追求社会治理总效果的长期正增长，《草案》在既要严惩又要严管的导向下，在一定程度上强调严管重于严惩，不但符合刑法谦抑性原则[②]，也是治理体系和国家治理能力现代化的重要体现。

三是从小切口入手，对关键环节进行规定。反电信网络诈骗作为一个需要综合治理、源头治理的系统性工程，《草案》聚焦工作实践中的痛点难点，注重可操作性，通过加强金融、通信、互联网等行业治理中的关键环节，以整合各个部门、各个行业的治理手段，压缩犯罪空间。例如，《草案》明确建立电信网络诈骗反制技术措施，统筹推进跨行业、企业统一监测系统建设，为利用大数据反诈提供制度支持。

四是注重急用先行，将实践做法进行升格。2016 年 9 月，最高人民法院、最高人民检察院等六部门联合发布《关于防范和打击电信网络诈骗犯罪的通告》以来，全社会打击和治理电信网络诈骗犯罪活动已积累了丰富的实践经验。为切实保障人民群众财产安全，《草案》通过立法形式，系统总结了实践中的经验做法，统一了各部门的思想认识，为各部门开展工作提供了充足的制度依据，在最大限度上凝聚各部门共识、加快推广治理工作经验。

二、有关金融治理内容的法教义学分析

《草案》共七章三十九条。针对金融治理部分，核心内容由《草案》设专章

---

① 例如，根据最高人民法院、最高人民检察院、公安部《关于办理电信网络诈骗等刑事案件适用法律若干问题的意见》（法发〔2016〕32 号）有关规定，即便金额难以查证，电信网络诈骗犯罪未遂，但只要在互联网上发布诈骗信息，页面浏览量累计 5000 次以上的，仍属于诈骗罪的严重情节，可处 3 年以上 10 年以下有期徒刑，并处罚金。

② 刑法谦抑性原则是关涉法律、法治、人权的重要原则。如果某项刑法规范的禁止性内容，可以用民事、商事、经济或其他行政处分手段来有效控制和防范，则该项刑事立法并无必要性。

进行了规定，其他部分内容散见于另外几章。整体来看，以银行账户、支付账户为突破口，以资金流为监管主线，对账户服务的全流程进行了较为详细的规定。

（一）以结果价值为导向的客户尽职调查制度

《草案》明确要求银行、支付机构应当建立客户尽职调查制度，并对尽职调查的程度提出了三个层次的注意义务，以结果为评价导向。一是业务开展前的注意义务。识别并核实身份，根据开户人的风险状况及目的，分类分级管理采取相应措施。二是业务存续期间的注意义务。银行、支付机构应当持续关注并审查客户及交易情况，根据风险状况及时采取措施。三是结果意义上的注意义务。相关的管理措施能够防止账户被用于电信网络诈骗活动。

（二）以账户管控为目的的账户信息核验机制

为从严整治"一人多卡"问题，防范金融账户被非法出租出借用于电信网络诈骗等违法犯罪活动，《草案》以账户管控为目的，通过立法形式，明确账户开立有数量限制，同时赋予银行、支付机构账户开立的拒绝权；在以账户管控为主的导向下，《草案》同时明确了建立开户核验和风险共享机制，并为银行、支付机构的客户核验提供便利，确保账户管控各项要求能够落实、落地。

（三）以资金链为治理主线的电信诈骗反制技术措施

《草案》紧抓"资金链"这一治理主线，采取防、管结合的治理思路，根据电信网络诈骗本身隐蔽性高、技术性强的特点，对银行、支付机构、监管部门均提出了电信网络诈骗的反制技术要求。

在风险防范层面，一是要求银行、支付机构建立完善涉电信网络诈骗特征的监测模型。二是要求监管部门统筹建立反洗钱统一交易监测系统和完善可疑交易报告制度。三是基于"精准"诈骗越来越普遍，而个人信息泄露是其得以实施的关键，对购物信息、贷款信息等金融信息保护也提出了明确的防范要求。在风险管控层面，基于客户尽职调查的有关要求，通过监测识别到风险隐患时，明确银行、支付机构应当采取必要的防范措施。

（四）以财产恢复为核心的权利救济机制

《草案》以从严打击电信网络诈骗活动为出发点，坚持以人民为中心，追求在最大限度上恢复被电信网络诈骗损害的社会关系，建立了以财产恢复为核心，覆盖刑事、民事、行政的多层次权利救济机制。

一是建立以刑事退偿为主，以民事赔偿、行政补偿为辅的财产救济方式。刑事方面，明确公安机关可以通过紧急止付、快速冻结、资金返还等手段将涉案资金退回受害人。民事救济上，受害人可以向人民法院起诉有过错的金融机构，主张相应赔偿。行政救济上，可以对生活困难的受害人给予救助。二是以行政申诉作为其他权利救济方式的补充。针对异常情形采取的限制、暂停服务等处置措施，有关单位和个人可以向作出决定或采取措施的有关部门、单位申诉。

三、《草案》对支付监管工作的启示

（一）支付结算作为"客观阻却型"措施的核心环节，将在打击电信诈骗方面发挥更大作用

随着事后惩治力度的逐级加码，严惩所产生的边际社会效用会呈现递减规律，同时基于行为人的机会主义和受害人的有限理性，依托刑事惩治的"主观阻却型"措施开始向"客观阻却型"①措施发展，打击电信网络诈骗从强调严惩转向既要严惩又要严管。

《草案》以资金链为治理主线，强调金融账户的全流程管理，在账户端明确了客户尽职调查、账户信息核验、电信诈骗反制技术措施、权利救济机制等一系列具体监管要求。支付监管在承担更多行业监管主体责任的同时，在治理手段和处罚方式上有了更高层次的立法依据，将在打击治理电信网络诈骗活动中发挥更大作用。

（二）客户"实名制"向账户"实人制"进行延伸，以结果为导向进行支付监管评价

《草案》在充分吸收"了解你的客户"这一监管原则的基础上，针对当前"实名不实人"、非法出租出借账户的情况，将"实名制"要求提升至"实人制"，丰富和延伸了"了解你的客户"这一原则，银行、支付机构承担更大客户尽职调查义务。从支付监管角度看，应要求银行、支付机构通过客户尽职调查制度确保"实人制"落到实处。在监管评价上以结果为导向，将银行、支付机构最

---

① 客观阻却型措施，即通过电信屏蔽技术使群众接触不到诈骗信息或在支付结算环节设置必要的障碍，使受害人即使基于错误认识向不法分子转账汇款，不法分子也无法取得资金。

终是否有效防止账户被用于电信网络诈骗活动作为判断履行监管要求是否到位的评价依据。

（三）以科技驱动支付监管发展，将支付监管手段与支付科技进行深度融合

科技进步使支付结算从现金交割、支票清算和结算系统，发展为借记卡和信用卡网络、ATM、电子转账服务、基于互联网和移动通信技术的远程支付和近场支付，以及各种第三方支付平台。支付结算的发展始终离不开科技的驱动，支付监管也不例外。

针对电信网络诈骗活动本身的技术性特点，《草案》在账户信息核验机制、交易监测系统等方面明确提出了技术性要求，并要求金融行业主管部门统筹推进行业技术措施建设。这意味着，未来的支付监管方向必将以科技为驱动，实现支付监管与支付科技的深度融合。

（四）支付信息保护是打击电信诈骗的关键一招，支付监管要牢牢守住信息安全底线

中国信息通信研究院最新发布的《新形势下电信网络诈骗治理研究报告（2020年）》指出，与广撒网、随机式的诈骗方式不同，近年来"精准"诈骗越来越普遍，而个人信息泄露是其得以实施的关键。据统计，目前超过七成的电信网络诈骗与个人信息泄露或被窃取有关，且该比例呈现持续上升趋势。因此可知，个人信息保护与治理打击电信网络诈骗息息相关，而支付信息保护则是其中的关键一招。

《草案》高度重视建立防范个人信息被用于电信网络诈骗的工作机制，明确对购物信息、贷款信息等重要信息实施重点监管和保护。在《个人信息保护法》已生效的大背景下，支付信息作为交易环节中重要的敏感信息之一，支付监管更要牢牢守住信息安全底线，打赢这场支付信息保卫战。

风险管理

个人账户防范电信网络诈骗的困境与对策

文/苏州银行课题组[*]

摘要： 2021年5月6日，习近平总书记对打击治理电信网络诈骗犯罪工作作出重要指示，强调要坚持齐抓共管、群防群治，全面落实打防管控各项措施和金融、通信、互联网等行业监管主体责任。众所周知，电信网络诈骗犯罪是随着信息技术发展而衍生的具有严重社会危害性的犯罪行为。该类犯罪从诞生开始，我国各政府机关就坚持治理与打击，但因其形式的不断翻新而使人仍然防不胜防。尤其是近几年，电信网络诈骗犯罪甚至呈现井喷态势，极大地损害了广大人民群众的切身利益。电信网络诈骗往往通过非接触形式实施，通过迷惑受害人把钱款转移到犯罪嫌疑人指定的银行账户，再通过银行账户完成资金的"清洗"。相较于对公账户，个人账户开立的便捷性及管理的松散性直接导致其成为目前犯罪分子的首选工具。但对于个人账户防范电信网络诈骗这一课题，商业银行还存在着诸多的困难与问题亟待解决。

关键词： 商业银行　个人账户　电信网络诈骗　困境　对策

一、商业银行面临的防范电信网络诈骗形势

近年来，公安部、最高人民法院、最高人民检察院、人民银行等相关部门陆续出台了防范和打击电信诈骗犯罪的相关政策，从各方面对商业银行开户、转账等业务提出了具体要求。因为诈骗分子成功实施诈骗后均需要进行资金收取及转移，而这两个环节都绕不开商业银行。客户身份的识别是商业银行防范不法分子

---

* 课题组组长：郑卫。课题组成员：王凤根、高琦、盛海华、傅俊、王慧娟。

处理涉案资金的关键手段。伴随着利率市场化，银行业市场竞争加剧，各商业银行为了追求规模效益，往往倾向于更广更快地发卡，这无疑大大增加了个人账户管理的难度，客观上加剧了电信网络诈骗。

诈骗分子的手段层出不穷，商业银行防范工作面临巨大的压力。以 2020 年 12 月江苏省某市为例，该市涉及电信网络诈骗案件共立案 4970 起，同比上升 1%，环比上升 0.4%；被骗损失 28283.7 万元，同比上升 78.6%，环比上升 3.1%；案均损失 5.69 万元，日均损失 912.4 万元。这些案件中，全市共立 100 万元以上案件 31 起（环比上升 9 起），损失达 6668.6 万元。以上数据触目惊心，表明电信网络诈骗形势异常严峻。与此同时，根据人民银行披露，截至 2020 年末，全国商业银行存量个人结算账户达到 124.61 亿户，同比增长 10.43%，人均拥有银行账户数达到 9 户。个人账户存量巨大且增长快速，商业银行作为个人银行账户的生产者与管理者，应当采取切实有效的措施，减少并阻断不法资金的流转已经刻不容缓。

二、个人账户防范电信网络诈骗面临的困境

（一）法规制度不够全面带来的不利影响

1. 个人账户管理缺少上位法支持。《中华人民共和国反洗钱法》是现今商业银行管理账户可以参考的唯一法律，但该法更多的内容侧重反洗钱管理。其他与账户相关的制度几乎均为人民银行及相关部门的规范性文件，法律位阶相对较低。由此可见，个人账户管理缺少相关性高的法律支撑。账户管理是一项极其复杂的工作，涉及社会经济与生活的方方面面，缺少了强有力的法律法规支持，商业银行在实施个人账户管理的各项工作中容易遇到各类障碍，尤其是在需要协调其他外部单位时显得力不从心。因为无法可依，商业银行在办理个人账户业务身份核实时，给犯罪分子留下可乘之机。如银发〔2016〕261 号文明确要求银行需审核开立个人银行账户的合理性，但何种用途可以认定为合理、商业银行是否可以要求客户提供相关的证明材料，均未进行明确，这就给商业银行的实际执行带来了较大困难。商业银行很难制定出统一而有效的内部管理制度，造成的局面是商业银行在执行手段上一旦趋严就极易遭到投诉，而一旦放松又给了诈骗分子机会。

2. 犯罪成本较低不具有惩罚的威慑力。电信网络诈骗犯罪尚无独立罪名。目前我国出台的法律尚未对电信网络诈骗犯罪进行专门的立法，对此类犯罪较难进行标准认定和量刑。因此，电信网络诈骗犯罪存在一定程度上的法律适用性欠缺。银发〔2019〕85 号文规定对于市级及以上公安机关认定的出租、出借、出售、购买银行账户或者支付账户的单位和个人及相关组织者，假冒他人身份或者虚构代理关系开立银行账户或者支付账户的单位和个人，提出的惩戒措施是商业银行 5 年内不得为其新开户，存量账户则 5 年内暂停非柜面业务。但统计发现，这类人群主要为社会经济活动较少或者偏远地区的人员，限制开户和暂停银行账户非柜面业务对其影响极其有限，处罚对于出售银行卡获取不当得利的客户威慑力远远不够。目前，黑市上出售一套完整的银行卡可以直接获利数千元，对于这类人群形成巨大的诱惑。经济利益诱惑大，犯罪成本低，这就导致虽然国家明令禁止，仍有不少人愿意加入电信网络诈骗犯罪活动，参与银行卡的售卖等违法活动。

（二）欠缺有效的身份识别手段

经过全社会多年的努力，我国的账户实名制已经取得很好的效果。但随着业务及产品类型的丰富，实名认证的难度也越来越大，如目前部分银行可以通过网上申请个人银行卡，更加造成实名制认证困难，尽管大多加入了人脸识别等新兴技术，但该类手段仍存在一定不足，部分网络环境、系统或流程漏洞都可能被犯罪分子掌握和利用。

在实名制之外，商业银行在开立及管理个人账户的过程中，也需要承担其他识别客户身份的职责。具体而言，识别的内容主要包括客户的具体身份、职业、地址、联系方式、开户理由以及账户的使用情况等。但除了客户的部分身份证件可以依靠机具、联网核查等手段进行有效的鉴别外，其他信息商业银行均很难核实。虽然随着大数据等技术的发展，为部分客户信息核实提供了一定手段，如手机号码实名认证等，但这种能力各商业银行并不统一，即便是部分商业银行具备了类似能力，在具体应用的时候也遇到了各类困难。这样的困难主要是源于这类方式的合规性及客户的配合意愿。尤其是在现在高度提倡客户服务的背景下，对于客户不愿意配合进行核实的，商业银行也无法拒绝客户的诉求。

（三）产品多样化带来的潜在风险

为了更好地服务客户，商业银行不断推出新产品，其中有一些产品也与互联网金融业有高度的关联，这些产品在很大程度上提升了社会公众的生活品质。但业务产品的多样化同样也为电信网络诈骗提供了更多的渠道与工具，诈骗手段的科技含量也随之增加。

现在的电信网络诈骗利用电话、网络的便利来进行，巧妙地运用各类新产品及技术，通过精心布局，由多人分角色协同进行，对普通人具有极强的迷惑性，对商业银行监测防范也具有较大的难度。如对于商业银行开展的超级网银渠道的资金归集业务，原本这类业务的签约通常是需要个人客户通过网银的安全认证工具确认，但为了便利客户、顺应移动潮流，目前多数商业银行均可直接通过短信验证码完成被归集方身份认证的核实。然而就是这样的便利与创新举措性，给了不法分子钻空子的机会。不法分子通过钓鱼链接的方式，骗取客户的账户信息及短信验证码，在客户并不知晓的情况下，将其账户与不法分子所控制的黑账户间签约资金归集协议（客户的账户为被归集方），直接导致客户资金的损失。

（四）账户管理与资金监测难度大

商业银行目前普遍存在着客户账户管理与资金监测识别不够的情况。商业银行出于自身利益最大化的考量而大量发放银行卡，但后续使用及监测又往往不够深入与精准。"资金通过非柜面渠道分散转入、集中转出或集中转入、分散转出"是诈骗犯罪的典型特点，但犯罪分子也在积极研究银行的防控措施，资金的流向越来越隐蔽，有时诈骗分子会在交易之中掺杂部分正常的业务交易，导致银行传统监测模型的防控效果差强人意。上述困境的出现主要源于账户管理及资金监测的难度大，商业银行往往心有余而力不足。主要体现在以下几方面：

1. 商业银行内部系统的复杂与繁冗。为了满足各类客户的需求，商业银行开辟了大量的业务场景，与此同时带来的是内部系统的日趋复杂。在纷繁复杂的系统及业务场景中，商业银行对于各类业务场景的实时资金监测更是难上加难。

2. 商业银行对个人结算账户的实时监测存在极大的挑战。自2003年开始，个人结算账户实现了异地开立与后续维护。伴随着零售金融业务的迅速崛起，银行大力拓展业务场景，个人银行账户数量激增。大量个人账户使银行管控难度大幅上升，异地管理也存在信息不对称等问题，导致银行账户管理存在巨大挑战。

3. 不法分子的反侦查与精准规避手段越来越高明。不法分子越来越熟悉商业银行的防范手段，经常是摸清了规则再进行划转资金。例如，商业银行经常把单日累计5万元设置为预警阈值，不法分子知道后故意将单日累计划转资金控制在5万元以内。又如商业银行经常监测账户突然启动后10元以下的小金额转账试探，不法分子则将试探金额进行了调整处理，如调整到 100 元以上，以规避商业银行的监测模型。另外，现在不法分子普遍知晓商业银行的很多风控预警都是非实时的，犯罪分子抓住这一特点，在账户启动后立即疯狂"清洗"不法资金，等到商业银行依靠其系统识别出问题时，相关账户已经被放弃使用。

（五）宣传路径与形式仍不够深入人心

多数商业银行普遍存在着防范电信网络诈骗宣传不充分的问题。根据最新的统计数据，现在的诈骗分子呈现明显的"老少通吃"情况。针对老年人，不法分子往往抓住其购物贪小便宜的特点，谎称向其提供销售优惠或销售折返等，诱导老年人向其账户汇款；而对于年轻人，不法分子往往利用其猎奇、交友的心理，通过"杀猪盘"、买游戏装备等形式对其进行诈骗。商业银行因为忙于自身业务的扩张，考量投入与产出关系，往往在宣传资源投入方面有所欠缺。综合部分客户群体本身的情况，同时又缺乏全方位、体系化的引导宣传，导致商业银行在部分地区的个人账户电信网络诈骗形势更为严峻。

三、个人账户防范电信网络诈骗可以采取的措施

良好的账户使用秩序是社会经济健康发展的基础，有利于国家金融的稳定，有利于保障人民群众的生命财产安全。商业银行加强对个人账户的管理是时代发展的需要，对提升客户满意度、保障金融消费者权益、完善现代银行支付体系、维护金融秩序稳定具有深刻的意义。

（一）整合与完善法律制度，提升个人账户管理的地位

完善账户管理工作的法制建设可以为防范电信网络犯罪行为的发生提供强有力的支撑。目前，商业银行通过现有的相关制度无法协调和规范账户活动中的各个主体，不利于做到对个人银行账户进行全面有效的管理。个人账户是现代社会经济健康运转的基础，相应的管理工作应当具有更高的法律地位，制定账户管理的法律是现阶段完善银行账户管理工作的首要任务，这不仅能使账户管理更具权威性和严肃性，也可以不断地提升人民群众的法制意识，为商业银行推行各项账户管理工作提供有力支撑。同时，通过完善账户管理相关的法律制度，可以明确涉及账户管理工作各方的权利义务，加大对不法分子违规违法惩治力度，提升其违法成本，实现法律的震慑作用。

（二）强化诈骗风险意识，纳入内部基础评价体系

商业银行应提高政治站位，充分认识到防范电信诈骗工作的重要性，并将其作为一项日常重要工作，从思想和行动上同时推动，进行全面有效的落实。商业银行应切实转变以账户或银行卡数量等为导向的考核激励机制，将防范电信网络诈骗的工作成效纳入考核评价体系。可以通过建立完善内部账户服务与风险防控管理矩阵体系，在明确内部各项责任分工的同时，将责任层层压实。商业银行应当建立对涉案账户较为集中或比重较高的营业网点和相关负责人进行内部问责的机制，敢于问责、严于问责。商业银行内部可以将发卡营销与防范电信诈骗的主导部门设定为同一个，这样可以有效地避免内部不同部门之间因目标不同而带来的难以协同问题。

（三）完善账户管理体系，有效开展存量账户的清理

1. 完善行业整体账户管理体系。账户主管部门宜出台相关方案，尽快完善个人银行账户报备管理制度，明确个人账户应进行年检管理。个人银行账户在进行报备时，建议增加账户用途字段，如日常结算、理财存款等。同时，由金融管理部门或行业自律组织，牵头建立个人账户非敏感信息共享机制。通过该共享机制，商业银行可以快速确认客户在行业内的整体账户开立情况，并结合客户的实际描述判断其开卡的合理性和真实性，使个人客户有条件查询本人所有的银行账户情况，引导客户对于已经不使用或不需要的账户进行及时清理。

2. 全面推行个人账户手机号码实名制。商业银行主管部门应当发布个人信息核实制度。在移动支付广泛开展的当下，手机号码的重要性已仅次于账户实名制，金融管理部门可以牵头建设个人手机号码实名认证系统。同时，应通过制度对开立个人账户预留手机号码进行规范，明确除年龄较大或是直系亲属关系之间的借用情况外，个人客户在银行开立的结算账户必须预留其本人真实办理的实名号码，对于其他情况确须预留他人手机号码的，应当提供合法有效的授权委托书。

3. 建立内部个人账户分级管理机制。商业银行应根据对客户初次及持续识别的层度，综合判定客户的整体风险情况，将客户或客户的账户区分风险级别进行管理。对于已经出现问题的或者属于高风险的，果断采取强硬的控制措施；对于可疑或者需要关注的，加大资源投入进行排查确认；而对于风险较低的正常户，则可适当地减少关注。通过建立个人账户分级体系，可以在整体资源相对有限的情况下，做到投入有的放矢，使个人账户风险管理进入良性循环。

4. 积极开展睡眠账户的清理工作。从全国范围个人银行账户的保有量来看，人均 9 个个人结算账户的数量已经远超正常人的日常需要，这其中包括大量的"不动睡眠户"。以江苏省某商业银行为例，其实际活跃个人账户数量只占其整体个人账户数量的约30%。随着商业银行整体对于新开户的严格把控，不法分子收购新开账户已经变得异常困难，所以他们已经开始将黑手伸向存量账户。商业银行要建立或完善自身的"不动睡眠户"的管控清理机制，确保日常账户排查不留风险死角。现在，不少商业银行因为拓展客户不易，不大愿意对这类"不动睡眠户"进行控制和清理，这种思想一定要及时摒弃，快速行动起来。

（四）深挖金融科技力量，不断提升依靠系统防范风险的能力

商业银行应深度应用金融科技力量，通过技术手段不断完善自身防范能力，形成以技术识别为主、人工筛查为辅的高效运转体系，以应对当前复杂形势下的海量数据管理。具体而言，商业银行可以在如下方面加大力度：

1. 全面整合内部数据。商业银行可以结合实际情况，建立符合自身发展的企业级数据应用体系，打造多维客户特征数据库，将内部各业务系统的资金流、信息流进行有序整合，在此基础上形成多角度、全方位的客户行为画像，借此准确研判客户交易行为，快速洞察潜在风险。

2. 强化风险模型的建设。风险模型的好坏直接影响商业银行精准识别电信网络诈骗行为的及时性、准确性。商业银行在自身能力有限的情况下，可以考虑聘请外部专业公司进行协助，结合行内的实际情况，建立符合自身特色的风险识别模型，并进行持续的参数适配，在准确性与时效性上寻求最佳的匹配位置，以提高风险业务主动识别能力。如采用机器学习技术提高风险模型的有效性。机器学习能够综合、交叉运用概率论、统计学以及复杂算法等方法，通过计算机真

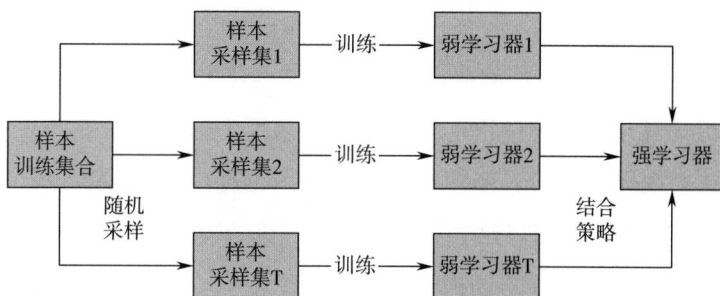

图1　机器学习

实、实时模拟人类学习方式，进行电信网络诈骗行为的规律分析及预测，在准确性和时效性方面均优于人工分析和归纳。

3. 实现异常交易事中拦截。针对越发复杂的诈骗手段，做到异常交易的事中拦截是商业银行不得不面对的课题。商业银行可以基于流式计算技术，在事中对交易进行截断。流式计算技术可以很好地解决实时性与海量数据计算之间的矛盾。当然在进行实时拦截时，商业银行也务必做好应急管理，毕竟没有一项技术可以保证所有的拦截100%准确，在有误伤的情况下，要做到快速响应，及时满足客户的正当需求。

4. 建立分层干预手段。建立分层干预手段是商业银行在防范电信网络诈骗时兼顾客户体验的必要选择。商业银行可以兼顾风险和体验，制定柔性防控模式，即可以根据不同业务、不同场景的特点，建立分级干预措施。简而言之，就是对于中低风险，采用增强身份验证等柔性干预手段，提升客户体验；对于高风险行为，采用停止支付等强制干预手段，优先保障资金安全。

（五）多方合作，建立多方联防联控长效机制

防范电信网络诈骗是一项系统性工程，尤其需要社会各相关职能部门的积极联动、协同配合。这其中，问题客户的信息共享可以及时对商业银行预警，问题资金的处置可以让诈骗分子知难而退。一是共享黑名单信息。有关机关可以牵头收录国家职能部门以及金融同业提供的风险信息，设立"黑名单"数据库，并向商业银行提供实时查询验证功能。客户在银行办理业务时，即可实现"黑名单"数据库中自动检索，发现问题自动预警，及时处置。二是快速联动司法机关。商业银行应积极配合司法机关工作，与司法机关建立联动联防机制。通过建立电信诈骗交易风险事件管理平台等方式，协助司法机关执行快速查询、紧急止付、快速冻结账户等应急处置，及时有效拦截赃款，使诈骗分子"有钱拿不到"，有效挽回人民群众的损失。

（六）开展多维度宣传，全面覆盖客户群体及业务场景

商业银行日常业务办理过程中要全流程、多维度地做好对客户宣传，不能只顾发展需求，忽视风险防控。商业银行应在以下维度广泛开展客户宣传：

1. 首次接触客户时对客户的宣传。与客户进行首次接触时，商业银行应当把宣传重点集中在自身权益的保护及违法的代价方面。宣传的内容主要包括：提醒客户了解最新的电信网络诈骗形式，提高防范意识；提醒客户切莫贪图便宜出售银行卡，否则一旦其银行卡用于犯罪活动，将给办卡人带来巨大影响，甚至承担刑事责任。

2. 客户使用产品时的持续宣传。客户在使用各种产品时，尤其是涉及资金实质性转移的业务场景时，商业银行需要注重客户的防范提醒。如在手机银行、网银发生大额交易或者异常交易时，以短信、微信等方式进行风险提示，提醒关注电信诈骗风险；如当客户发生重要涉及资金转移的业务签约时，以醒目直接的方式提醒客户进行意愿的确认，并充分告知客户业务风险；如出现客户账户在娱乐网站、游戏 App 发生支付时，对这类客户进行针对性的风险宣传。

3. 针对年轻群体的宣传策略。虽然年轻群体的接受和学习能力都较强，但现实是目前上当受骗的年轻人并不在少数，他们上当受骗主要是因为缺乏防范意识和麻痹大意。针对这类人群，商业银行只要加大宣传力度，选择年轻人更易接受的宣传形式，如短视频、漫画等，并经过有效的触达，一般年轻人在对电信网络诈骗的基本套路有所了解后，就可以明显提升防范意识，有效降低电信网络诈骗事件发生。

4. 针对老年客户等群体的宣传策略。针对老年人的日常生活习惯，商业银行可以通过电视、电台和老年活动场所进行反复的专题宣传。有条件的商业银行可持续组织网点、员工，开展有针对性的进村、进小区宣讲活动。通过多方面持续、面对面生动的讲解，使这类客户不断加强对电信网络诈骗的了解，熟悉最新的各类诈骗套路，降低掉入各类诈骗陷阱的概率。

参考文献

［1］范慕洲．A 银行苏州分行应对外部诈骗的策略研究［D］．苏州：苏州大学，2017.

［2］全艳．商业银行防范电信网络诈骗措施思考［J］．时代金融（下旬），2018（8）：78，80.

［3］黄海茜．防治电信诈骗视角下个人银行账户监管的对策研究［D］．大连：大连理工大学，2019.

［4］庞晓霞．从电信诈骗犯罪看银行反洗钱客户身份识别问题［J］．河北金融，2019（7）：52－55.

银行视域下电信网络诈骗的
发展趋势及防控

文/薛　燕　马小虎[*]

摘要： 随着互联网科技和移动通信的高速发展，网上支付已成为国内主流的支付方式，与此同时电信网络诈骗呈现高发多发态势，已成为现代社会的一颗毒瘤。而银行是堵截电信网络诈骗犯罪的重要关口，是电信网络诈骗防控流程的关键环节。从银行视域出发，研究电信网络诈骗发展的新趋势，探讨行业存在的困难问题及防控对策，对于挽回人民群众财产损失、维护金融秩序稳定和银行服务形象，具有重要的现实意义。

关键词： 电信　网络诈骗　银行

一、电信网络诈骗的发展趋势分析

电信网络诈骗是一种非接触式、智能化的网络犯罪，已成为我国案发数量较多、危害面较广的一类犯罪行为。为有效遏制电信网络诈骗高发、频发的势头，近年来国家在各个层面开展专项打击治理行动，取得了较大成效。公安部统计数据显示，截至2021年11月末，全国电信网络诈骗犯罪发案连续6个月实现同比下降。然而，随着新技术、新应用、新业态的出现，电信网络诈骗无论是在目标人群、高发类型，还是在诈骗套路方面都在不断发生新变化，并衍生出多种新类型新手法，给电信网络诈骗的防范和治理工作带来了新的挑战。

作者单位：中国人民银行临夏州中心支行。

（一）受害目标人群精准化

从受害群体年龄看，电信网络诈骗的受害人群从以往的中老年人逐渐向年轻人转变。公安部官方微博有关数据显示，近几年诈骗对象主要集中在"90后"和"80后"，占比分别为42.91%、24.45%，"00后"占比17.80%，"70后"占比11.99%。这种局面的主要原因是随着智能手机的普及和发展，年轻人是最大的涉网人群，个人信息泄露最为严重，更容易让犯罪分子得手。从受害群体学历来看，电信网络诈骗犯罪中的中高学历受害人占比呈上升趋势，与民众认为的高学历人群不易被诈骗相比，现实与普通逻辑有着区别。一些具有中高学历的社会公众相信自己凭借高智商能够将诈骗分子玩弄于股掌之间，在获利最高时及时收手，既避免受骗又赚得"利润"，但在实际过程中盲目自信，对公安机关和银行工作人员的劝阻置之不理，任由所谓的"权威性""政府电话"遥控摆布，防范意识较为淡薄。从受害群体职业来看，学生、企业白领、老师、个体工商户、法定代表人等群体占比较高，这类人群不但有较高收入，更有趋利避害的心理压力和息事宁人的顾虑，因此更容易上当受骗。

（二）诈骗手段演变快

据公安部门统计，网络诈骗类型大致可分为48类共计300余种，通过不断翻新，各式各样的新型诈骗手段层出不穷、防不胜防，很难第一时间甄别、打击。一是诈骗手段科技化。随着近几年大数据、云计算、物联网、移动互联、人工智能、区块链等各种新型技术的出现，电信网络诈骗犯罪中各环节也开始出现新技术的影子，犯罪分子通过技术手段违法收集、盗窃公民个人信息，并借助人工智能、大数据等，对数据智能整理、分析与挖掘，实现对被害人"私人定制"式的精准画像，对诈骗目标有针对性地实施精准诈骗。二是诈骗手段"热点"化。犯罪分子十分热衷于结合社会热点设计骗局，往往一个新的话题才刚刚出现在大众视野，新的诈骗手法已经紧随而至，数字货币、元宇宙游戏、奥运吉祥物等话题都难逃不法分子"蹭热点"的可能。例如，2020年以来，受疫情影响，民众外出活动受到一定限制，生活方式加速向网上转移，网民的网络使用率和使用时长增长明显，这一现状快速衍生出车票退改签诈骗、买卖防疫物资诈骗、网课缴费诈骗、网络游戏诈骗、贷款诈骗、刷单诈骗等与疫情相关的新型诈骗手法。为有效降低银行卡涉案率，银行业开展清理账户工作，与此同时，就有客户收到"请尽快完成个人信息验证"的诈骗短信，让人防不胜防。

（三）诈骗范围广且蔓延速度快

一是诈骗地域广泛化。一方面，电信网络诈骗发案地域由东部沿海转向西北内陆地区，据统计，在2016年之前，电信网络诈骗发案地排名前三的地区是广东、福建和浙江，近几年由于沿海地区群众的反诈意识提升和打击力度加大，诈骗窝点开始转向河南、吉林、西藏等地区，且向全国各地快速蔓延。另一方面，随着国内严厉打击电信网络诈骗犯罪工作的深入开展，电信网络诈骗分子开始跨国跨境作案，涉外电信网络诈骗案件多发生在印度尼西亚、柬埔寨、缅甸等东南亚国家。二是诈骗用时短暂化。考虑到风险成本与收益的关系，犯罪分子通过各种手段遥控受害人，将诈骗钱财通过银行、非银行支付机构等进行转移，资金流动速度极快，通过分散转移的方式快速完成诈骗过程。

二、银行防控电信网络诈骗工作中存在的难点问题

（一）政策落实不严，责任意识不强

2015年10月国务院打击治理电信网络诈骗工作部际联席会议部署开展专项活动以来，打击治理工作虽取得了阶段性成效，但电信网络诈骗活动涉及银行业务范围越来越广、金额越来越大、影响越来越严重，究其主要原因，是由于部分基层商业银行尚未将反诈骗工作提升到政治高度上，没有深刻认识到反诈骗工作就是对人民群众最直接的服务手段，也是防范资金风险、打击经济金融违法犯罪的重要关口，导致形成事件敏感度弱、警惕性差的工作状态。没有将"谁的客户谁负责、谁开户谁负责"要求落实到日常工作中，甚至有章不循、操作不规范，对监管部门的检查应付了事，避重就轻，乐此不疲做表面工作，对涉案账户数量居高不下的局面没有引起足够重视。

（二）反诈骗技术落后，防控手段有限

随着5G技术的商用落地，万物互联成为可能，诈骗犯罪分子借助互联网技术热衷研究支付漏洞，骗局不断升级，手段"推陈出新"，在诈骗和反诈骗的博弈中，银行反欺诈技术就显得"落后一筹"。一是缺乏配套的风险识别评估系统。如当前联网核查系统只能鉴别居民身份证，对于持护照、港澳台居民来往内地通行证、军官证等证件办理开户的，仅能依靠银行工作人员经验进行审核，影响账户实名制的落实，容易导致冒名开户事件的发生。反洗钱信息系统在交易监

测范围和数据分析处理方面也存在不足，相关交易规律模型预设不符合实际，从而无法堵住小额多频次异常交易现象。二是缺乏统一的风险预控管理标准。如在"僵尸账户"清理工作中，各银行机构对交易期限、账户余额等关键要素的判定处置标准不一致，部分僵尸账户的清理未得到实质性的改变，容易给不法分子提供可乘之机。此外，手机银行、网上银行等非柜面支付渠道的限额标准也各不相同，无形中为犯罪分子敞开了作案"后门"。

（三）宣传教育形式化，传导质效不佳

犯罪分子往往青睐法律意识淡薄、防范意识薄弱等受害群体，从而利用其"贪小利""害怕""侥幸"等心理漏洞，精心设计诈骗"剧本"，以达到诈骗的目的。银行的防诈骗宣传往往显得流于形式，宣传质效不佳。一方面，银行基层员工缺乏相应的防诈骗宣传知识与技巧，仅仅将防诈骗宣传当作任务来完成，习惯于摆桌子、拉横幅、发传单、放展板、拍照片等常规性动作，未区分客户对象，形式单调乏味，语言生硬刻板，受众容易产生视觉疲劳，心理抵触，更别谈引起客户阅读及思考的兴趣。另一方面，客户"事不关己，高高挂起"的心态也影响了防诈骗宣传的效果。防范和打击电信网络诈骗相关政策内容专业性强，老百姓在一定程度上存在理解上的困难，特别是农民群众，对新生事物接受能力程度较低，存在对新兴支付业务了解不清、掌握不熟、操作不透的情况，不能将反诈骗政策、反诈骗手段与实际有效结合，做不到防患于未然，遇到事件时，不能第一时间寻求正规部门帮扶，在茫然无措时更易被犯罪分子利用，从而被骗。

（四）监管模式固化，缺乏多样化手段

人民银行作为银行账户监管部门，对银行机构的监管理念主要体现在事前建立健全制度、制度执行到位、操作流程规范、靠实压紧责任等方面，事中事后的监管方式采取现场检查和非现场检查两种方式，在这种监管现状下往往会出现充当消防员救火角色。一是监管方式灵活有待进一步提升，监督检查工作已形成一套固定流程，先自查后督查的检查方式不仅使监管人员"扫荡式检查"过多，注重纸质材料，忽略系统方面，也容易使银行机构有针对性地应付检查。二是检查内容的真实性有待加强，检查前往往会提前通知银行提供检查所需的资料，从而影响了检查材料的真实性，监管效果不明显。三是监管时效有待进一步提高。虽然通过开展涉案账户排查工作能够起到查漏补缺和防患于未然的作用，但"道高一尺，魔高一丈"的被动局面让监管部门总处于防御堵漏洞层面，有一种被牵

着鼻子走的无力感和窝心感。

三、银行防控电信网络诈骗的建议

（一）科技赋能金融，构筑技术反诈骗屏障

电信网络诈骗的发展趋势及特点决定了技术防范是源头防范电信网络诈骗的首要选择，也可以化解"高科技作案，老手段防御"的尴尬局面。实际操作中，在办卡阶段，应充分借助大数据、AI技术、声纹识别、生物识别等技术加强验证能力，并与公安系统数据进行匹配，建立一份属于客户独有的身份认证代码，堵塞"实名不实人"的漏洞。用卡阶段，银行应布控各类风险监控规则，第一时间对可疑交易进行拦截，并通过短信通知、手机银行App内提醒、电话联系等方式对客户交易进行核实，同时还需对客户的交易时间、金额和笔数进行一定的限制，帮助群众挽回经济损失。结合当前的电信网络诈骗手法及时调整防范措施，加大对风险防控系统的开发投入，并定期进行更新完善，及时弥补技术漏洞，提升电信网络诈骗源头治理能力。

（二）强化宣传培训，提高全民防控意识

宣传培训看似老生常谈的话题，实际上在打击和防范电信网络诈骗工作中起着举足轻重的关键作用，不可忽视。一方面，要强化内部教育培训。通过防范电信诈骗经验交流会、专题研讨会、工作协调会等形式，学习和贯彻落实《关于加强支付结算管理防范电信网络新型违法犯罪有关事项的通知》《关于进一步加强银行卡风险管理的通知》等相关政策要求，做到思想上高度重视，行动上精准发力。同时，将风险教育融入日常员工管理工作中，将网点柜面成功堵截的电信诈骗典型案件高频率、广渠道告知每位银行员工，使员工了解各类电信诈骗案件特点及手段，从社会责任担当和维护银行声誉角度，有的放矢进行防范，提升员工处置能力，提高全行堵截电信诈骗成功率。另一方面，要做好客户和广大群众反诈骗宣传工作。摆脱传统的宣传方式，充分借助电视、广播、报纸、互联网新闻媒体等舆论的力量，对打击电信诈骗犯罪的决心，以及打击电信诈骗犯罪取得的成绩和典型案例进行传播，形成对电信诈骗犯罪的"零容忍"高压态势，营造不敢电信诈骗的宏观社会氛围。通过各种渠道对高危人群开展精准反诈骗宣传，使客户和广大群众能够提升对有效身份证件和银行账户重要性的认识，并养成保

护自身银行卡和有效身份证件自觉性。

（三）注重机制建设，提升打击治理协作质效

整合资源创新反诈骗机制，形成"严打重防"治理体系。一是完善"检查问责追责"机制，以壮士断腕的决心推动行业治理。具体操作中，需将银行账户开户实名制的责任落实到人，具体包括业务经办人员及商业银行各级分管领导，对开户实名制实施不到位导致匿名账户、假名冒用他人身份开立账户等行为进行严格追责，对相关责任人和各级责任领导进行严厉处罚，摒弃地方保护主义的藩篱，彻底肃清行业"内鬼"，加大违规操作的经济成本和法律成本，才能有效地遏制诈骗案件的案发势头，减少人民群众的财产损失。二是进一步创新警银协作机制。以联席会议制度为核心，以反诈骗中心为载体，在已有协作成果的基础上，努力探索各地特色的协作方式，携手展开信息共享和校验，汇聚大数据资源优势，解决行业间数据"零敲碎打"问题，形成合力，实现快速查询取证、快速止付封停、快速冻结查封的目的。

参考文献

［1］孙少石．电信网络诈骗协同治理的制度［J］．治理研究，2020（1）：100－123．

［2］伍可珂．商业银行防控电信网络诈骗风险的措施建议［J］．中国信用卡，2021（11）：70－74．

［3］张明旺．社会治理视域下新型电信网络诈骗共治路径［J］．四川警察学院学报，2021（2）：76．

从银行视角谈如何防范银行卡买卖

文/广发银行南京分行课题组*

摘要： 近年来，非法买卖银行卡的犯罪行为日益猖獗，被买卖的银行卡大多被违法人员用来进行违法犯罪活动，侵害了银行卡使用者的合法权益，扰乱了正常的金融秩序和公平诚信的社会环境，对国家和社会的发展构成了极大的威胁。本文对目前我国银行卡买卖风险的管理现状进行分析，以提高商业银行对潜在银行卡买卖风险的控制能力为重点，从不同角度着手，实现从银行视角来防范银行卡买卖行为的目标。

关键词： 商业银行　防范　银行卡买卖

一、银行卡买卖的打击治理和治理困局

为保护人民群众的银行卡信息安全、维护银行卡持有人的合法权益、有效防范和打击非法买卖银行卡的违法犯罪行为，政府监管部门已先后出台了各种有力的打击措施，实施了各类打击活动，并不断加大打击力度。2016 年，人民银行、公安部、银监会等六部门联合印发了《关于开展联合整治非法买卖银行卡信息专项行动的通知》，用了近 2 年时间在全国范围内开展联合整治非法买卖银行卡信息专项行动。2019 年，人民银行和公安部两部门联合下发《中国人民银行　公安部对买卖银行卡或账户的个人实施惩戒的通知》，依法对一批买卖银行卡或账户的个人实施惩戒。2020 年 10 月，国务院打击治理电信网络新型违法犯罪工作部际联席会议部署在全国范围内开展"断卡"行动，以"零容忍"的态度严厉

---

* 课题组组长：刘海教。课题组成员：李艳、邹哲、倪雷。

打击非法买卖银行卡违法犯罪活动。政府监管部门对银行卡的治理取得显著成效，有效遏制了相关案件的发生，但此类违法交易仍然活跃，地下黑市里银行卡"四件套"的价格反而水涨船高。

二、银行卡买卖成因分析

银行卡买卖现象的出现，其背后原因可以大致概括如下：不健康的市场需求、持卡人的投机心理、不法中介的推波助澜、银行卡业务的盲目竞争和无序扩张。其中，作为银行卡的发卡机构，商业银行对于银行卡的发行和管理有着不可推卸的责任，下面主要从商业银行角度对银行卡买卖现状成因进行分析。

（一）风险管理理念落后，风险意识薄弱

回顾国内商业银行银行卡业务的发展历程，风险管理理念落后、风险意识薄弱，是前期国内商业银行发展银行卡业务的一个共性问题。片面追求增加银行卡发卡数量，是很多银行缺乏风险意识的主要表现。盲目扩张进行业务往来的商户规模和市场份额等，却很少关注每一个客户、每一笔交易的风险管理问题。长久以来，这种管理理念造成很多居民拥有不同银行的多张银行卡，即便是同一家银行，不同分支机构的银行员工也会为了"完成任务"，而引导客户重复开立多张银行卡。但事实上，经常使用的银行卡只有其中的一两张，其余银行卡都处于长期睡眠状态。据统计，目前我国居民中，已经有过半的人数持有4张及以上银行卡，甚至1%的居民同时拥有8张银行卡。这些数据直接反映了许多银行对银行卡发卡量的过度追求，却不注重对潜在风险的评估。鉴于此，2016年9月，中国人民银行出台了《关于加强支付结算管理防范电信网络新型违法犯罪有关事项的通知》，要求商业银行加强个人账户管理，此后个人在一家银行只能开立一个功能齐全的 I 类户。

虽然外部监管已经对银行卡的开立作出了明确规定，但商业银行盲目发卡的根源依然存在。基于对当前国内银行业竞争和发展形势的判断，很多银行认为，银行卡发卡量的减少，较之以往会大大缩减其业务量。而这种管理思维的另一个极端，就是片面认为只要减少无效、低效客户银行卡的发卡，就会大大减少银行卡被买卖的风险。其实，之所以有这种想法，主要源于国内商业银行的收益与业务量、业务规模息息相关，而受限于管理水平不高，存量资产的运用、效率的发

挥都存在很多不足，所以在经营发展中追求持卡量及业务量以寻求突破。

（二）内部管理制度不完善，组织结构不合理

目前，国内商业银行银行卡管理相关内控制度还不完善，并且银行卡管理的组织结构不够集中有力。大多数商业银行有许多制度，其中关于银行卡管理的内容，通常包含在不同种类的制度中。由于没有重新整合，关于银行卡的管理大多没有形成清晰的内部控制体系和目标体系。而相关制度在落实的过程中，也出现了效果不佳的问题——因为银行卡相关的业绩考核和风险控制往往分属不同条线和部门，业务指标之间也没有体现出关联性，这往往导致开展银行卡业务的部门，并未严格按照风险管理部门制定的制度开展工作。由于部门之间没有构建形成能有效开展风险识别、控制与反馈的机制，导致在开展银行卡业务的过程中管理不严，给不法分子以可乘之机，可疑开卡得不到有效控制，银行卡被买卖的案件经常出现，造成影响深远的重大损失。

出现银行卡管理机构设置问题，一方面，是由于国内银行卡业务的发展时间并不长，作为传统业务的附带，账户管理、客户营销等不同经营活动的目标不一致，现有组织结构中职能存在冲突，形成比较大的潜在风险。国内商业银行在开展经营管理工作时，上级部门往往会给一线员工分配需要完成的发卡量，这也造成基层员工为了达到预期目标而大力提升发卡量，而相关管理人员优先关注到发卡量，其中蕴含的风险问题未受到足够重视，导致安全问题凸显。另一方面，国内大部分商业银行的银行卡业务，在实际操作中没有实现集中化和独立性，没有构建出统一规范的发卡途径与网络，因此未设置配套的风险管理机制。当银行卡出现非法交易现象时，银行也仅会将其作为个案处理——这不但不能帮助银行有效提升业务的运作效率，还会使其风险控制能力减弱。另外，即便管理目标一致，银行内部各部门之间、各个岗位之间也存在工作职责不够明晰的问题，各个岗位之间无法相互牵制、相互补充，也会导致其中隐藏着较大的银行卡管理风险。

（三）风险管理技术落后，风险规避能力较差

目前国内商业银行对科技研发的投入，主要集中在完善银行业务系统功能方面，在开发完善的风险管理工具方面仍有很大的不足。总体而言，国内商业银行风险管理水平相比国外优秀银行还有差距，其薄弱点主要体现在风险管理技术缺乏整体性、系统性。特别是在风险尚未发生时，根据可疑信息进行风险预警的能

力相对较弱，导致各银行获取系统反馈的风险信息不够及时，出现高风险客户不能及时采取针对性措施降低风险，从而增加了发生案件的可能性。

据了解，目前国内银行评估开卡客户风险情况，以及实时了解客户的动态情况，无法依靠科学客观的计算机系统分析，而是依靠银行员工的经验综合判断，最终得出评价结果。因为商业银行一线工作人员的专业水平参差不齐、风险识别能力高低不一，所以在平时的工作中，那些专业能力相对欠缺的工作人员，就会按照自身经验对客户开卡的目的等采用一些不专业的行为方式或语言表达，既不能有效识别风险客户，又有可能影响客户体验、引发服务纠纷。

三、银行卡买卖问题的问卷调查

本次调查以南京地区主要商业银行为调查范围，以从事与银行卡业务管理相关的员工为调查对象，调查内容包括所在商业银行银行卡业务发展策略、对防范银行卡买卖的认知情况、员工在防范银行卡买卖工作中的难点。共发放问卷50份，收回有效问卷41份，其中，营销人员占53%，运营管理人员占47%。

在"所在商业银行银行卡业务发展策略"问题上，17%的人认为所在银行"扩大发卡规模为主，抢占市场份额"，58%的人认为实行了"扩大发卡规模，同时注重防范银行卡买卖风险"策略，而25%的人认为已经向"提高发卡质量，严防银行卡买卖行为"转变。由此不难看出，受监管政策影响，商业银行已经逐步加强了对银行卡的风险管理，但本质仍是以提高发卡量、扩大市场规模为主要管理目标。

在"对防范银行卡买卖的认知情况"问题上，41%的人认为"防范银行卡买卖主要依靠执法机关打击"，而36%的人认为"提高持卡人防范意识才是关键"，最后仅23%的人认为"商业银行是防范银行卡买卖的中坚力量"。这充分说明商业银行没有真正认识到自身在防范银行卡买卖上所能够发挥的重要作用。

在"员工在防范银行卡买卖工作中的难点"问题上，10%的人认为"发卡业绩压力重，政策引导性不强"，56%的人认为"可疑人员身份识别困难，鉴别能力欠缺"，而34%的人认为"历史遗留问题账户太多，清理工作难度大"。以上一方面说明员工已经认识到防范可疑开卡工作的重要性，另一方面也说明当前工作实际中，受限于有限的技术条件，在防范可疑开卡行为上顾虑重重。

四、银行防范银行卡买卖的对策

（一）完善银行内部风险管理体系

有效防范银行卡业务发展过程中的风险，首要的是建立完善银行的风险管理体系。商业银行管理者要提高风险意识，制订科学严谨的银行卡业务发展规划，避免出现重发展、轻管理的现象。这一过程中要避免两种极端现象：一种是在发展银行卡业务时，盲目扩大发卡量，不考虑潜在的合规风险，被不法分子钻空子；另一种则是对银行卡业务潜在风险认识不够准确，矫枉过正，降低开展银行卡业务的积极性，对银行卡业务持有一种消极的观点，不能有效满足社会发展的需求。商业银行在发展银行卡业务时，要保持对各方真实情况的充分了解，确保对银行卡业务的风险管理与业务发展相匹配，对银行卡的管理与社会需求相符合。

其次是通过建立强有力的组织结构，对银行卡业务流程进行明确的规定，保证相关风险管理全面有效，确保风险管理的独立性。银行内部在银行卡业务的每个环节都要制定相关的管理政策，加强对每个环节的管理，特别是要建立和完善内部控制机制，以更好地管理客户信息资源、完善信息管理系统；使办理银行卡的手续更加合理有序，降低发展银行卡业务的潜在风险，使内部控制机制更好地为银行卡业务的健康有序发展服务。合理有效的管理结构，可以对银行卡风险责任进行有效约束，使各部门、各岗位之间能够各尽其职。

此外，还要加强对银行卡交易过程中的监督，完善预警系统，安排有效的应对措施，建立银行卡交易案件的调查和报送制度，对管理不当造成银行卡被非法利用进行追究处理，实事求是，不隐瞒、不包庇。

（二）建立高危银行卡身份信息共享平台

为加强银行卡账户风险防控，商业银行需要联动各方积极开展可疑账户风险排查与信息共享，推进账户风险治理工作，开展买卖银行卡高危、可疑人员信息排查管控，切实防范银行卡被用于电信诈骗、洗钱等违法行径。

首先，各家商业银行应积极推动建立可疑账户调查研究共享机制，通过建立可疑人员信息预警共享平台，在人民银行等监管部门的指导下，开展风险账户及人员信息共享，有效防止不法分子利用目前各家银行机构信息不共享、信息交流滞后等漏洞，保持行动的一致性。美国的"黑名单传递制度"，特别是美国商业银行之间的消费者信息共享系统（CHEX systems），其成功经验足以说明这一举措的有效性。

其次，在外部数据的查询和应用上，在依法合规的前提下，商业银行可以引入客户外部税务征收、市场监管、海关出入境、司法诉讼等信息，通过互联网大数据分析，提升银行卡风险预判能力，有利于实现对有潜在风险人员的识别能力和准确性。

最后，加快银行与运营商之间的资信共享机制建设，银行机构要进一步联合移动、联通、电信等通信机构建立信息共享平台，在个人开立银行卡时加强手机号的核验工作，通过平台查验留存的手机号码开通时间、是否属于存款人本人等信息，有效地进行风险识别，特别是新开通的虚拟运营商号码的识别，全方位防范利用虚拟运营商开卡漏洞而带来的开卡风险。在银行卡日常管理中，采取对发现的长期睡眠沉默、频繁换机、反复开销户预留的手机号信息进行二次核验等措施，提高银行机构对存量银行卡潜在业务风险的防控能力。

（三）提高工作人员风险识别的专业能力

强大的风险防控能力是商业银行防范银行卡买卖的有力保障，员工识别防控是商业银行风险防控最重要的部分，而风险识别则是风险防控工作的第一步。

目前商业银行的工作人员整体的风险识别能力相对较弱。提高员工的风险防控能力，一方面要加强员工培训，提升员工素质，保证业务人员尤其是柜台和厅堂人员掌握识别可疑开卡行为的基本技能；提高身份识别能力，有针对性地实施培训，如聘请专业机构对工作人员进行人脸识别专业知识培训，杜绝冒名开户发生；银行各级管理人员要保持培训学习力度，提高管理人员的专业素养，提高商业银行打击银行卡买卖行为的工作效率。

另一方面，银行业务在不断向前发展，各种新业务、新功能在不断开发，银行设备也在不断更新，所以商业银行之间、银行员工之间要加强交流和竞争意识，要经常开展专业知识竞赛等活动，以此增强员工们的学习热情，提高风险识别的专业能力，为抵御非法买卖银行卡的行为提供有力支撑。

（四）实现对异常交易快速准确监测

当前国内银行对可疑交易的识别大多依靠相关人员的主观人工分析与识别，随着不法分子躲避监管手段的多样化，我国商业银行识别可疑交易的能力也正面临前所未有的挑战。为有效应对挑战，降低买卖银行卡带来的危害，防止高危人员在不同地区、不同银行间"流窜作案"，实现对异常交易快速准确监测，国内商业银行可以从以下方面着手：

第一，建立可疑交易模型。将可疑交易在客户和交易特征方面进行不同组合，可以建立利用银行卡进行犯罪的行为模式的模型，为有效识别可疑交易提供参考。当前各银行客户的交易类型多种多样，但很多利用银行卡进行的犯罪行为存在共性，建立交易模型有助于提高可疑交易的识别效率。因此，商业银行首先需要进行存量可疑交易的模型梳理工作，并不断保持动态更新，为后续进行高危人员银行卡风险管理提供决策条件。

第二，加大金融科技支持力度，建立和完善计算机数据决策系统。商业银行每天处理的金融交易数量巨大，想要实现可疑交易及时有效的监控，必须提供强有力的系统支持，银行内部需要推动各项风险管理技术工具建设。银行要提高对可疑交易的识别能力，就需要实现对庞大数据的可疑交易筛查功能，将建立的可疑交易模型量化并纳入系统管理，推动数据处理的自动化和智能化，确保系统自动筛选出的数据有效性，全面提升管控效能。

第三，加强对高风险交易的监测。现金交易、跨境汇款、网银等非柜台交易，是常见的利用银行卡进行不法交易的银行业务。要重点锁定银行卡在异地进行高频、大额的上述交易，追踪分析该账户交易归属地是否存在异常、是否显示银行卡可能被出售的征兆、是否有明显的过渡账户性质、是否存在资金快进快出不留余额的行为。此外，有必要以客户为单位进行风险归类和监控。对于按一定标准认定的高风险客户，商业银行可以加强相关交易的监控力度。而经过一定程序筛选出的低风险人员，可以进行类似"白名单"的维护，减少可疑交易的监控总量。

（五）加快存量睡眠账户清理和客户信息治理

睡眠卡是指一定时间内没有使用过的或者没有激活的银行卡，不同银行对睡眠卡的规定不尽相同：有的银行规定期限为3年，有的则规定5年无交易会转为睡眠卡。睡眠卡长期存在对于持卡人、银行都存在不利影响。近年来，银行卡成为电信网络诈骗案件持续高发的重要工具，一些不法分子盯上了个人长期不动户，通过买卖睡眠卡方式获得个人银行账户，实施电信网络诈骗。为避免银行卡被不法分子利用，给客户带来损失，各家银行正逐步开始通过各种渠道向客户宣传，清理长期不用的银行卡账户。

加快存量睡眠账户清理，可以从以下几方面入手：第一，简化银行卡的注销手续。部分银行注销银行卡，需要持卡人到原开户网点办理，这一要求增加了客户的负担、降低了客户配合银行卡清理的积极性。卡主本人凭相关身份证明文件，可以在任意网点办理相关银行卡特别是注销银行卡的业务。第二，清理账户并不意味着直接销户，睡眠卡和低使用率的银行卡除了简单作销户处理，还需要变更营销模式，提升银行卡的使用效率。可以限制账户功能，若有需要仍可通过激活重新使用。第三，大力开展客户身份识别治理维护工作。为进一步提高客户身份识别工作的合规性和有效性，避免因客户身份信息缺失和不完善，导致其银行卡相关功能受到限制，各银行应当结合自身实际，通过灵活举措有效地开展存量客户身份信息治理工作。

参考文献

［1］王敏慧. 多方联动重拳打击电信网络诈骗［J］. 中国信用卡，2016（12）：20 - 22.

［2］董军杰. 浅谈买卖银行卡的危害及对策建议［J］. 河北金融，2015（7）：63 - 64，68.

［3］江婷. 打击电信诈骗银行须主动作为［N］. 中国城乡金融报，2016 - 11 - 04（B02）.

［4］刘杰. 基于社会责任的国有商业银行防范电信诈骗对策研究［D］. 保定：河北大学，2018.

［5］张亚琴. 强化个人银行结算账户管理——基于银行卡买卖事件引发的思考［J］. 金融科技时代，2019（7）：57 - 59.

［6］邢红. 我国银行卡产业发展对策研究［D］. 保定：河北大学，2008.

［7］冯静. 国内银行发行和经营银行卡业务的风险及防范对策研究［D］. 北京：北京交通大学，2008.

［8］莫开伟. 从三方面入手铲除非法买卖银行卡毒瘤［N］. 中国商报，2020 - 01 - 10（P02）.

［9］张大龙. 非法买卖银行卡的主要方式、危害及对策探讨［J］. 中国信用卡，2017（9）：47 - 48.

［10］胡海涛. 买卖银行卡危害大［N］. 中国银行保险报，2021 - 03 - 23（6）.

金融基础设施

村镇银行支付清算系统业务
连续性管理存在的问题与建议

——以廊坊市为例

文/姚培森　王侨钰[*]

摘要： 村镇银行作为地方法人金融机构，是唯一没有直接接入支付清算系统的银行机构，其系统开发运维外包、代理清算模式存在一些问题和潜在风险。本文以廊坊市为例，通过对村镇银行支付系统业务连续性管理现状及存在的问题进行分析，提出工作建议。

关键词： 支付清算　连续性　问题建议

一、村镇银行支付清算系统业务连续性管理现状

（一）基本情况

目前，河北省廊坊市 11 家村镇银行，分别由廊坊银行、内蒙古银行、吉林银行、山东诸城农商行等 8 家银行机构发起设立。11 家村镇银行均以代理接入方式接入了三大支付清算系统，其中接入大额支付系统 11 家、小额支付系统 11 家、网上跨行清算系统 5 家；代理清算行涉及兴业银行、海口联合农商行、浙江农商联合银行等 5 家银行机构（见图 1）；前置系统开发运维商涉及兴业数字金融股份有限公司、天津弘创智融科技有限公司、山东省城市商业银行合作联盟有限公司等 5 家金融服务公司。2021 年，全市村镇银行支付系统业务笔数 11.86 万笔、金额 315.3 亿元，其中大额实时支付业务笔数和金额的占比分别为 9% 和

---

* 作者单位：中国人民银行廊坊市中心支行。

82%，小额批量支付业务笔数和金额的占比分别为76%和15%，网上跨行支付业务笔数和金额的占比分别为15%和3%。

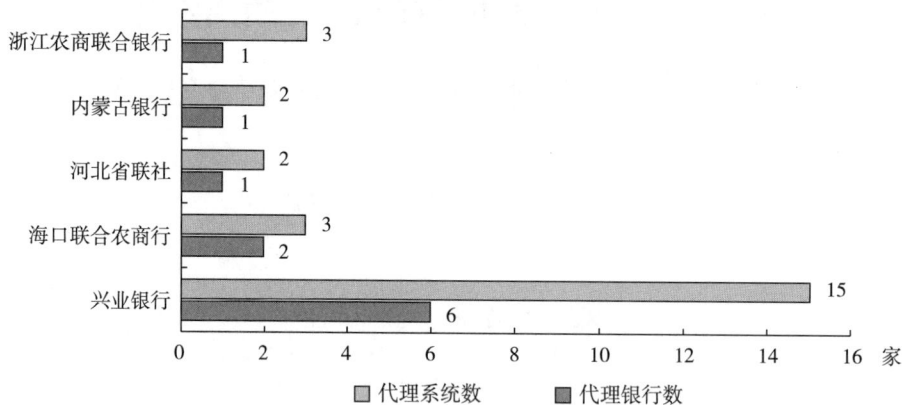

图1 廊坊市村镇银行支付系统代理接入行代理情况

（二）内控制度建设情况

各村镇银行基本都建立了《代理二代支付业务操作规程》《网上支付跨行清算系统内控管理制度》《村镇银行防范和化解支付清算风险的预案》等支付系统内控管理制度，明确岗位职责、操作流程以及应急处置措施。

（三）系统运维情况

11家村镇银行由于自身科技力量与资金实力有限，基本均由发起行或外包公司负责支付系统运行维护工作；与发起行签订了《流动性支持协议》，组织开展业务连续性管理工作，指导、评估、监督全行业务连续性管理工作；与第三方软件公司签署《支付系统前置系统开发协议》，委托其代为开发与运营支付系统前置系统；与代理清算行签订了代理清算服务协议，由代理行协助村镇银行开展支付结算业务，确保系统稳定运行、保持网络连接通畅、保证信息传输安全。各村镇银行机房仅有网络、前置机等少量设备，业务系统通过前置机及网络远程连接到核心系统；村镇银行信息科技人员日常工作职责仅为确保自身网络通畅，做好日常网络设备巡检工作。

二、存在的问题及潜在风险

（一）人员因素方面，业务能力不足，应急处置能力弱

作为村镇银行，因业务单一，平时只需做好录入复核等基础工作，人员业务

能力水平有限，工作主动性差，对于出现的风险隐患缺少敏感性、应急处置能力差，容易埋下风险隐患。目前廊坊市辖区村镇银行大部分系统依托兴业数字金融股份有限公司，业务操作和处置措施有滞后，不能及时处置出现的业务系统问题。

（二）系统运维外包，经营风险不可控

据调查，目前由于系统开发能力限制，村镇银行支付系统行内前置系统基本由外包公司开发并运维，村镇银行只负责简单的日常网络设备巡检和连续性数据监控工作，对于核心业务系统的软硬件约束力不足。一旦外包公司发生经营或运维问题，将直接影响村镇银行支付系统连续性。以廊坊市为例，11 家村镇银行中仅 1 家自主开发并运营前置系统、10 家委托第三方公司[①]负责系统开发与运营。

（三）代理清算，系统运维层级多，业务风险高

一是由于村镇银行支付系统接入与资金清算行分离，必须依靠清算机构的业务处理、技术支持、风险管理和客户服务，其业务处理基本是被动的，被代理行无权查询数据库与底层数据，所形成的业务差错也需要代理行和被代理行共同操作，才能完成差错查找、冲正等业务支付，导致支付业务有延迟，不能实时到账，影响客户使用。二是采取代理支付方式处理业务的清算服务费用较高，且不能保证支付系统高效运转，影响其运行效率。同时，由于村镇银行规模小、科技人员缺乏，其核心数据备份和运行管理采用业务外包模式，其业务系统在运行过程中的一些突发性、关联性的问题得不到及时处理，存在一定的风险隐患和薄弱环节，容易造成支付系统运行风险。

（四）核心业务外包，外包公司成为支付系统连续性最大的风险点

一是外包公司良莠不齐，导致现有村镇银行核心业务系统问题较多，在一定程度上影响了村镇银行的工作效率；二是外包商可以根据系统运维需要对生产数据进行查询统计，存在生产数据泄露的风险；三是沟通不畅，易发生人为运行事故。如 2018 年，某村镇银行在新旧支付清算代理行业务迁移过程中，由于与发起行、原代理清算行和新承接代理清算行沟通不畅，致使原代理清算行在未通知村镇银行和新代理清算行的情况下私自完成了代理清算职责移交，造成该村镇银

---

① 本文所指第三方是指除村镇银行及其发起行以外的金融服务机构。

行支付清算业务中断达 88 小时。

（五）业务流程割裂，应急管理体系浮于表面

虽然村镇银行均建立健全了以全面业务恢复为目标的业务连续性管理需求规划、应急响应策略、流程和持续维护等机制，但由于支付清算业务涉及的诸多不可控的外包服务机构，村镇银行业务连续性管理工作实质上仍停留在系统灾难恢复的技术层面，存在外部应急协调不足，支付清算系统灾备覆盖面不够、灾备资源的有效性保障不足等诸多问题，一旦出现意外，应急预案可能无法发挥应有的作用。

三、人民银行监管中面临的难题

（一）监管制度不完善

支付系统运行以来，虽然针对系统运行、安全应急等方面制定了若干制度，但是针对村镇银行的管理规定不够全面、细致，缺乏指导性，容易产生漏洞和风险，不能在系统发生问题时作出快速反应和及时处理突发情况。政府监管对于代理接入行资质没有统一要求，对于技术水平、应急能力、资金实力等没有明确规定，致使其代理接入从国有大行到村镇银行差异较大，不能保证代理接入的规范管理。

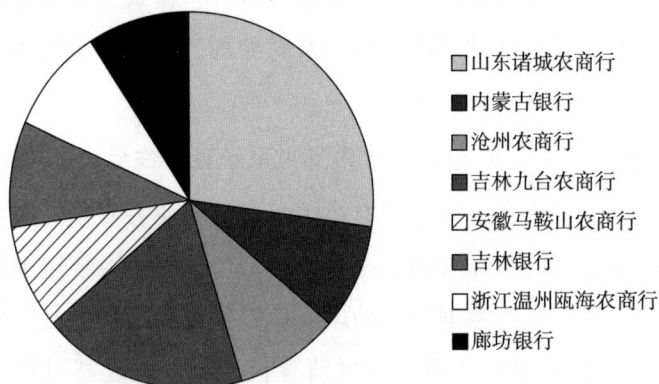

图 2　廊坊市 11 家村镇银行发起行情况

（二）对发起行运营监管难

一是发起行的流动性支持存在时滞，大多数村镇银行与发起行不在同一区域，按照属地管理的原则，当地人民银行难以全面了解发起行的经营情况和抗风险能力。一旦发起行的经营状况不佳，当村镇银行出现支付风险时，便难以得到发起行的流动性支持，业务连续性和资金安全难以保障。二是对发起行的履职监管难，根据有关规定，发起行在村镇银行 IT 建设、人员培训、风险控制、资源支持、沟通协调等方面应该发挥作用，并且要加强对村镇银行的并表管理；人民银行应对履职缺位、不到位或越位的发起行采取约见主发起行负责人等方式督促其整改。但由于村镇银行的发起行基本不在同一省份，导致当地人民银行难以对发起行的履职情况进行有效监管。以廊坊市为例，11 家村镇银行的发起行分布于全国 7 个省 8 个地市，仅 1 家在廊坊地区（见图 2）。

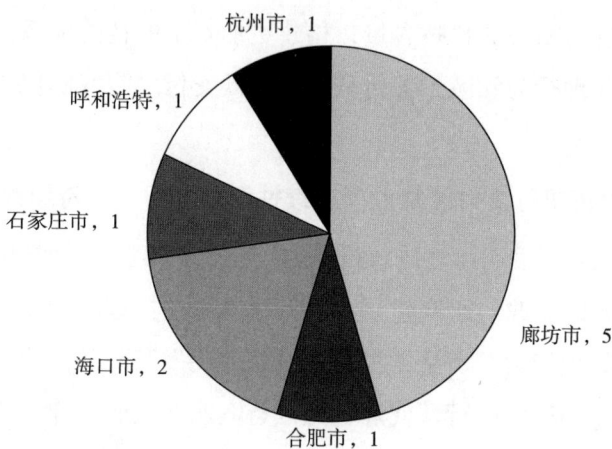

图 3　廊坊市村镇银行支付系统代理接入行城市分布情况

（三）对外包服务机构监管难

目前，村镇银行基本通过第三方公司开发、运维支付系统和代理接入支付清算系统，但这些外包服务机构基本上均未在村镇银行所在地设立分支机构，属地人民银行对外包服务机构所引发的连续性风险无从防控。以廊坊市为例，11 家村镇银行，涉及代理清算行 5 家，分布于全国五省六市（见图 3）。

四、对策建议

（一）研究制定《村镇银行支付清算服务外包商准入标准》

完善支付清算系统研发、运维和代理清算服务机构标准，厘清系统接入行、系统开发商、系统运维商、代理接入行、发起行的关系；强化发起行职责，建立发起行担任系统运维商和代理接入行的支付系统管理体系，加强对村镇银行支付业务的指导和规范，从全局层面进行系统规划，进一步加强支付系统业务连续性规范和深层次机制建设，实现对各种事故和灾难的有效应对，从而防范和化解支付风险。

（二）建立集中接入体系，构建更加完善的支付系统接入模式

建议成立专门清算机构开展相关代理业务，加快建立和完善业务连续性管理体系，充分借鉴先进的实践和标准规范，对数据来源、输入、处理、输出等过程进行有效控制，抵御和防止病毒、黑客的攻击，加强灾备管理，确保数据安全和业务连续，提升支付系统的科技含量，构建更加安全的技防体系，有效提升代理服务水平、规范代理行为和减少支付环节，降低支付风险，确保支付系统的正常运行。

（三）建立村镇银行支付清算业务连续性管理的评估和持续改进机制

一是要建立对监管部门、村镇银行的业务持续性管理计划和活动的评估机制，发现问题，及时整改。研究建立业务持续性管理模型，促使村镇银行对支付清算业务连续性管理能力可衡量，提高应对处理突发事件的能力。二是建立良好的沟通协调机制，实行发起行、代理行跨区备案沟通机制，建立人民银行和商业银行的交流沟通平台，定期召集直接参与者和间接参与者就工作中遇到的问题和解决方法进行交流协调，共同促进业务水平和技术水平的提高。同时，加强对村镇银行支付清算业务连续性管理和督导，对于违规操作的要采取通报、约谈甚至处罚等手段加以督促整改，确保村镇银行支付渠道畅通、支付系统安全运行。

（四）加强队伍建设和业务培训

村镇银行应加强对一线人员的思想教育、法制教育、职业道德教育和风险防范教育，加强对重要岗位、重点人员的行为监管，强化尽职考核和责任追究，把对支付业务各个环节的日常监测监督作为重要工作来抓，从政策水平和业务技能方面提高员工综合素质，培养责任心和职业素质，形成内在约束的良好氛围，积极做好支付系统业务连续性的持续管理。

（五）加强村镇银行应急体系建设，防范支付风险

村镇银行应按照有关规定要求，加强组织建设，明确责任、落实工作职责，科学制订支付业务连续性计划，加强灾备系统、应急体系建设，积极开展应急演练，组织各村镇银行间接参与者、基础设施供应商和直参行进行联合应急演练，持续提高其业务连续性管理的实践能力和防范风险能力。

混沌工程在人民银行
省级数据中心的应用探索

文/高　宁[*]

摘要：为贯彻落实人民银行"加快架构转型，建设数字央行"的总体要求，省级数据中心不断提升信息系统的"横向扩展"能力，引入大数据处理、云计算、分布式架构等一系列前沿技术至新建信息系统中。为提高分布式架构信息系统的稳定性，本文以分布式容器云平台为例，从场景设计、工程实施和结果评估三方面探索将混沌工程应用在人民银行省级数据中心当中，研究全面提升分布式架构信息系统稳定性的有效途径。

关键词：混沌工程　数字化转型　省级数据中心　软件测试

近年来，随着金融数字化转型进程的不断深入，人民银行省级数据中心的信息化水平不断提高，新建的信息系统呈现出规模庞大、复杂性高、软件缺陷不易发现等特点。特别是分布式系统的广泛应用，使信息系统的复杂度呈指数级上涨，信息系统故障较为隐蔽、稳定性难以保障以及更容易受信息系统外部因素干扰等问题日益突出。因此，如何提高分布式环境下省级数据中心的信息系统稳定性已经成为科技部门关注的重点。

一、面临的风险和挑战

（一）分布式信息系统引入潜在软件缺陷概率增加

在分布式信息系统自身的复杂度快速增长的背景下，省级数据中心现有或

---

* 作者单位：中国人民银行南宁中心支行。

规划建设的应用分布式架构的信息系统在开发的过程中，大量引入了如 De-vOps、敏捷开发等先进理念和技术，使信息系统在软件规模、技术复杂度以及管理复杂度方面相比于传统信息系统开发模式大大提高。因此，运行在省级数据中心的信息系统均面临数据量巨大、业务逻辑复杂以及交付周期短等要求，导致信息系统引入潜在的软件缺陷的概率大大增加，其稳定性也面临全新的威胁。

（二）分布式信息系统受到硬件故障影响概率增加

传统的烟囱式信息系统易导致单点故障，因此在高可用要求下信息系统逐渐以集群方式运行或重构成分布式架构。但是分布式架构下的信息系统通常部署在大量的硬件节点上，涉及大量的 CPU、内存、硬盘、网络设备、通信链路等物理设备。一旦涉及的物理设备数量骤增，其出现设备老化、损坏以及失效的概率将加倍提升，导致信息系统的运维频率以及物理设备的检修和更换频率提高。虽然部分物理设备的失效并不会立刻降低信息系统的可用性，但由于涉及物理设备众多，信息系统受到硬件故障影响的概率将极大增加。

（三）分布式信息系统受到外部风险干扰概率增加

信息系统在分布式架构体系下，首先为了实现性能和可用性等非功能性需求，通常需要引入重试、超时以及多副本等机制。同时，为了实现上述非功能性需求，还需引入 Zookeeper、KeepAlive 等中间件，提高了系统整体的复杂度。这些机制和中间件的引入加上众多的物理设备，使分布式架构的信息系统容易受到网络震荡、硬件性能波动以及开源中间件的稳定性等外部风险干扰因素的影响。

二、混沌工程在省级数据中心的应用探索

（一）混沌工程概述

混沌工程（Chaos Engineering）是指对分布式系统中的服务器随机注入不同类型的故障，以发现并修复系统中的潜在问题，从而提升整个分布式系统的高可用能力。混沌工程的主要目的是将信息系统故障消灭在其爆发之前，在故障发生导致信息系统发生中断之前，将故障点识别出来。通过主动制造系统故障及干扰因素，主动验证信息系统在各种故障或干扰行为下的反应，以识别信息系统脆弱点，进而修复信息系统存在的显式或隐式故障点，避免信息系统上线后造成严重

后果，提升分布式架构信息系统的稳定性。

混沌工程通过实施混沌实验主动向目标系统注入可能造成故障的风险因素，其核心内容是通过开展混沌实验对已有的分布式架构的信息系统开展缺陷探究。混沌工程的总体流程一般相对固定，与一般的软件测试较为类似（见图1）。但混沌工程在实验内容上与一般的软件测试却存在明显差异，混沌工程的场景设计一般具备较高的自由度，通常会参考信息系统常见故障、开发运维过程中存在的问题以及分布式架构场景下如脑裂、选举、主备切换、网络抖动等特定故障进行设计，但不完全针对已知的故障（具体实验流程如图2所示）。

图1 混沌工程总体流程

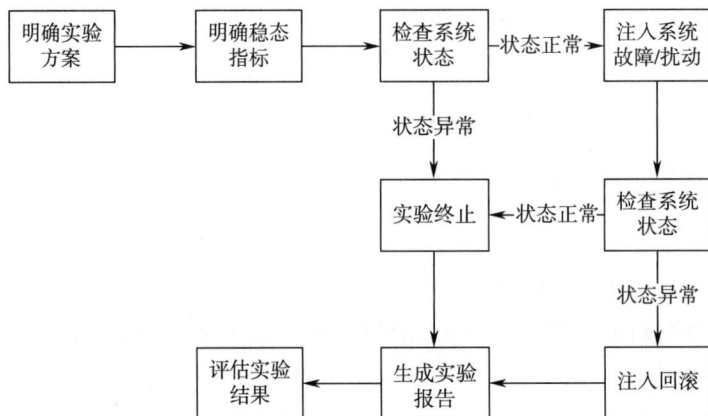

图2 混沌工程实验流程

开展混沌实验之前，首先，要确定目标系统，针对特定目标系统召集需求单位、承建单位以及利益相关方进行场景研讨、设计以及明确实验中可能出现的风险，根据目标系统实际架构以及建设过程中的测试记录和用户反馈来确定需要开展混沌实验的场景。其次，实验场景确认后，需根据每一个实验场景确定目标系统的稳态指标，作为实验结束后对结果进行评估的参照和依据。最后，实验场景和方案确定后，即可开展混沌实验。在混沌实验开展之前，要开展系统状态检查，确保目标系统处于正常运行状态后，即可主动对目标系统注入故障或扰动。待注入故障或扰动后，目标系统的利益相关方将立即开展对系统运行情况的监测，如系统运行状态良好，则表明注入的故障或扰动不会对系统造成影响，反之如果系统运行状态发生了改变，则表明注入的故障或扰动会对系统造成影响，目标系统的利益相关方应当记录相关结果，并会同系统建设单位开展原因分析和修复方案的制订工作。

（二）目标系统简介

本文中开展混沌实验的目标系统为分布式容器云平台，该平台建设以 IT 基础设施架构转型为目标，通过建设基于 K8S 的分布式容器云平台，主要以容器的形式对外提供计算和存储服务，不断提高省级数据中心信息系统的承载能力和容灾能力。分布式容器云平台主要分为分布式容器云服务和分布式存储服务两个部分（总体架构如图 3 所示）。

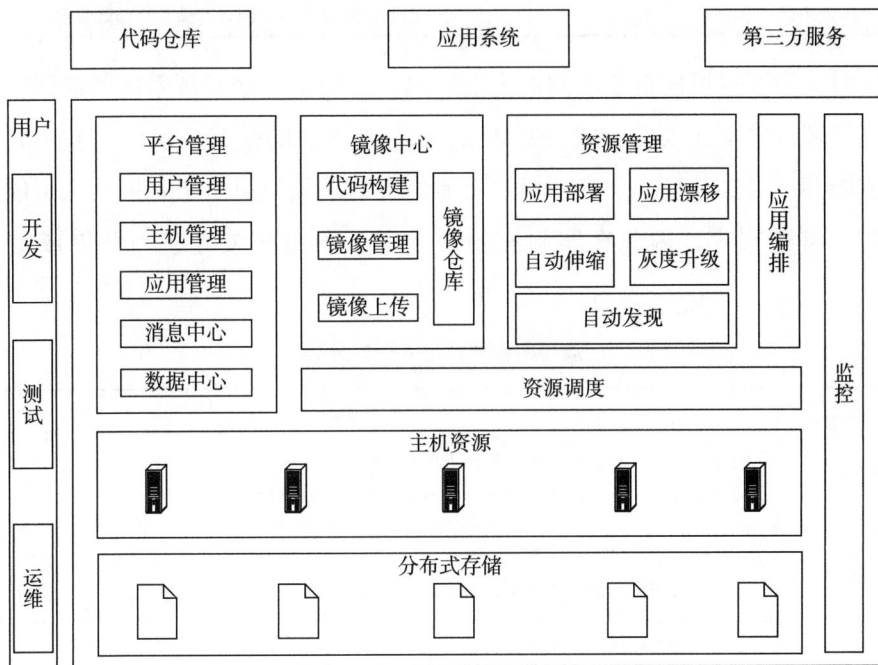

图3　分布式容器云平台总体架构

（三）场景设计

一般来说，混沌工程的场景设计通常由实验设计、评估指标设计以及结果预期三部分组成。

1. 实验设计。实验设计阶段，一是对目标系统开展缺陷假设，即针对同类型系统的常见缺陷进行调研，并参照常见的缺陷开展目标系统的缺陷假设，便于实验场景的设计。二是对缺陷假设进行分级分类，由目标系统的利益相关方共同对缺陷假设进行分析评估，判断该缺陷假设可能出现的概率大小、影响范围和严重程度，从而确定该缺陷假设在混沌实验中开展的优先级。三是开展实验场景设计，实验的设计尽量接近生产场景，并且确保实验开展后的结果是可以观测的。在实践中，将实验场景划分为五种类型（见表1）。

表1 混沌实验场景分类

实验类型	简要描述	常见故障注入示例
终端故障场景	人为异常操作	请求激增、非常规功能请求激增等
应用故障场景	系统内部故障	接口故障、进程失效、连接断开等
中间件故障场景	中间件异常	时钟不同步、系统资源占用率过高等
网络故障场景	网络异常	网络抖动、连接超时、网络中断等
硬件故障场景	硬件故障	CPU、内存故障、硬盘写满、存储降级等

同时，为了尽可能覆盖不同的突发状况，更加全面地发现系统的缺陷，还探索建立了多种故障注入的形式（见表2）。需要注意的是，在混沌实验中开展有损注入能够更真实地模拟生产环境中可能出现的缺陷，但由于有损注入可能造成硬件的非可逆损害，因此在实施有损注入前，利益相关方应当开展成本评估工作。

表2 混沌实验故障注入形式分类

注入形式	简要描述
有损注入	①故障注入后，会造成服务中断且不可自动恢复 ②故障注入后，会造成服务中断且引发操作系统甚至硬件失效
无损注入	①故障注入后，不会造成服务中断 ②故障注入后，会造成服务短时间中断但可以自动恢复
单一注入	只选取一种故障注入形式开展实验
复合注入	选取两种或两种以上故障注入形式开展实验
固定注入	注入时点固定、持续时长固定、注入时系统运行状态固定
随机注入	注入时点随机、持续时长随机、注入时系统运行状态随机

2. 评估指标设计。混沌实验开展之前，应当为实验明确相应的评估指标，以便评估故障注入之后对目标系统造成的影响。通常评估指标根据实验场景、运行环境以及监控手段等情况来确立，如故障注入会对目标系统造成影响，则评估指标应当发生显著变化。在实践中，将评估指标分为四大类（见表3）。

表3 混沌实验评估指标分类

评估类型	简要描述	常见示例
耗时类指标	完成实验需要消耗的时间	应用响应时间、网络响应时间、服务器响应时间等
成功率指标	实验成功的概率	应用成功响应、服务降级的概率等
资源类指标	完成实验所消耗的硬件资源	硬件资源占用率，如 CPU、内存、存储 I/O 以及网络 I/O 占用率等
效率类指标	完成实验系统的工作效率	系统吞吐量评估，如 TPS、QPS 等

3. 结果预期。在明确了实验场景和对应的评估指标后，应当对故障注入会对目标系统造成的影响进行预评估，即根据实验场景和运行环境等情况来预先评估故障注入之后对目标系统造成的影响。开展实验结果的预评估工作有利于提前预见故障注入之后发生的故障，提前预知可能出现的风险，并提前制定相应的风险应对策略，以降低系统风险造成的影响。例如，在开展网络 I/O 相关的故障注入时，应当充分考虑网络流量占满整个带宽会对目标系统之外的信息系统造成影响的问题，并针对网络 I/O 问题提前制订如网络 Qos 控制等应对方案。

（四）工程实施

通常混沌工程的自由度较高，但并不意味着可以杂乱无章地开展混沌实验。在实施混沌实验的过程中，仍然需要对实验过程进行规范，明确实验过程中的流程。混沌工程的实验开展通常由实验准备和实验开展两部分组成。

1. 实验准备。在混沌工程正式开始实施之前，一般要开展一些准备工作，以确保混沌实验在正常、稳定的环境中进行。

一是确保应用所运行的硬件环境相对稳定，无硬件失效告警情况。二是确保目标系统自身的可用性配置处于开启状态，无单点故障情况。三是确保与目标系统开展混沌实验相关的应用监控系统以及网络监测系统均处于运行稳定状态，以确保在实验开展的过程中能够快速、正常地捕获到目标系统的运行状态。四是确保目标系统自身的日志记录功能处于开启状态，以确保目标系统具备完善的日志记录，使在实验开展的过程中，能够对故障注入时系统的运行情况进行完整的记录，有利于目标系统问题的定位和排查。五是确保目标系统处于正常运行稳定状态，避免目标系统原有故障对实验造成的影响，同时将目标系统运行稳定的状态指标作为混沌实验开展的对照组。

2. 实验开展。混沌实验的开展一般分为四个阶段，分别是故障注入、状态监控、注入终止以及状态恢复。

在故障注入阶段，一般遵循从易到难、从单一注入到复合注入、从影响范围小到影响范围大的方式开展。常用的方式是执行特定代码或指令、关闭特定功能或接口、模拟硬件故障、模拟服务器故障、模拟网络故障以及模拟资源占用率过高等，可以采用手动注入或者使用自动化工具自动注入的方式将故障注入目标系统。

混沌实验开始后需要密切监控目标系统的运行状态，依托日志和监控系统监测目标系统是否出现状态变更、告警或业务中断。如出现类似容器漂移、伸缩、重启等状态变更，需要将状态变更开始时间、持续时间以及业务是否中断等指标记录下来；如出现告警或业务中断，需要将告警或中断时间、是否可以自动恢复等指标记录下来，便于实验结束后对实验结果进行评估和分析。

一般来说，故障注入结束后，目标系统将最终呈现出三种状态。一是故障对目标系统没有造成任何影响，则实验正常停止；二是故障对目标系统造成一定影响且系统可以自行恢复，则记录相关评估指标后实验正常停止；三是故障对目标系统造成严重影响且系统不可以自行恢复，则实验被迫停止后记录相关评估指标，在此情况下，还需要对系统进行修复，并明确改进方案，以确保后续实验能够正常开展。

（五）结果评估

混沌工程实施完成后，应及时开展实验结果的分析和评估工作。混沌工程的结果评估部分尤其重要，通常由目标系统的利益相关方共同对实验结果进行分析和评估，有助于系统的利益相关方深入了解系统的脆弱点，并以此为基础开展系统的改进工作。

1. 系统可用性分析。通过分析对比故障注入前后目标系统能否正常工作，确定故障对系统可用性的影响。故障对系统可用性分析一般可以采取定性分析，但也不排除会出现概率事件。例如，在对容器云平台开展混沌实验的实践中，发现如系统运行容器所在的宿主机发生宕机（非所有节点均宕机）以及网络中断等故障并不会对系统的可用性造成影响，然而在注入网络波动故障（丢包率过高或短暂中断后立即恢复）时，偶尔会出现系统不可用的问题。因此，也可以通过对故障对系统可用性的影响进行量化分析，通过量化分析更好地反映目标系统可用性对故障的应对情况。

2. 系统缺陷分析和改进。对于不符合实验预期的场景，需要从以下几个方面开展目标系统的缺陷分析工作：一是通过收集系统日志和监控系统信息，找出故障注入后目标系统出现中断或性能下降的临界点，提高对系统的运维能力；二是通过收集系统日志和监控系统信息，分析系统中断或性能下降的原因，为后续系统修复方案奠定基础；三是采用如源代码单步调试等方式，重新观察故障注入后系统的变化，重现系统对故障的处理方式，找出系统模块与模块之间的依赖关系，进而评估故障注入时的影响范围并对目标系统加以改进。

三、总结与展望

混沌工程的最终目标是提高信息系统的整体稳定性，本文以运行在省级数据中心的分布式容器云平台为例，从场景设计、工程实施和结果评估三个方面探索将混沌工程应用在人民银行省级数据中心当中，取得了一定的成效，提高了分布式容器云平台的整体稳定性。但在开展混沌工程的过程中，除了技术方面之外，还需要有组织架构、人员以及投入等方面的相关配套措施。因此，还需要从信息化项目战略规划、信息系统项目整体规划以及科技人员培养等方面不断完善，推动混沌工程在省级数据中心从实验化到标准化、平台化、常态化的转变，最终使其成为省级数据中心开发运维体系的一部分。

参考文献

［1］魏星，李京，童飞帆．基于混沌工程的自动化故障实验系统［J］．小型微型计算机系统，2021（10）：1－9.

［2］吴冕冠．混沌工程的应用研究与探索［J］．中国金融电脑，2020（9）：80－83.

［3］范一飞．加快架构转型　打造数字央行　开创人民银行科技工作新格局［J］．金融电子化，2017（5）：6，8－11.

| 金融译林 |

中央银行数字货币：从理念迈向实践[*]

编译/徐　泽　蔡子健[**]

摘要：中国人民银行正在进行"数字人民币"的大规模试点，巴哈马中央银行最近推出的 Sand Dollar 受到全球广泛关注。对此，国际清算银行总裁卡斯滕斯（Agustín Carstens）在 2021 年彼得森国际经济研究所（PIIE）举办的中央银行数字货币研讨会上发表公开演讲指出，中央银行数字货币从理论到实践的渐进路径，阐述中央银行数字货币所涉及的具体操作以及金融机构的角色，展望了中央银行数字货币对国际货币体系以及金融稳定可能产生的影响，强调当前存在夸大中央银行数字货币竞争的倾向，各国中央银行应该加强合作，推动中央银行数字货币体系建设，提高跨境支付清算效率。

关键词：中央银行　数字货币　跨境支付

中央银行数字货币（Central Bank Digital Currencies，CBDCs）是当今热门话题，全球众多中央银行正在努力开展数字货币的研发，例如，巴哈马中央银行最近推出了 Sand Dollar，中国人民银行稍早前进行了数字人民币的大规模试点，美联储也正与包括麻省理工学院在内的机构合作，对数字货币进行广泛研究。

目前，国际清算银行正在通过全球多个城市设立的创新中心推动中央银行数字货币有关工作，开展中央银行数字货币的经济学研究，并支持各国中央银行通过国际清算银行平台进行合作对话。与此同时，社会公众和学术界正在就中央银行数字货币展开热烈讨论，并提出一些根本性的问题。例如，中央银行数字货币

---

[*] 作者简介：Agustín Carstens，国际清算银行总裁。本文获国际清算银行授权翻译，最终版权归国际清算银行所有，国际清算银行对翻译中的疏漏和错误概不负责，原文刊载于国际清算银行网站。

[**] 译者：徐泽，中国财政科学研究院博士研究生；蔡子健，新加坡南洋理工大学硕士研究生。

与今天的货币有什么不同？中央银行数字货币对用户、中央银行、金融机构和国际货币体系到底意味着什么？应如何将中央银行数字货币这个伟大的想法付诸实践？

中央银行数字货币是技术非常先进的中央银行货币，如果设计得当，可以为数字经济提供一种安全、中性和最终的解决方式。表面上看，中央银行数字货币类似于其他支付工具，如零售快速支付系统（Retail Fast Payment Systems，RF-PS），可以使收款人即时获得资金。但实际上，中央数字货币、零售快速支付系统和全天候批发支付系统共同构成了一个崭新的支付体系。由于中央银行货币的独特性，中央银行数字货币与商业银行货币、加密货币以及稳定币均存在显著不同。

一、中央银行数字货币和零售快速支付系统：共性与差异

第一，中央银行数字货币作为一种数字支付工具，以国家记账单位计价，是中央银行的直接负债，它提供了新的、数字形式的中央银行货币——一种安全、中性和最终的结算媒介，从而可以快速消除交易中的所有债权。当前的支付系统包含两个层次的公私合作关系：一是中央银行拥有现金和商业银行储备，二是商业银行向私人部门提供货币，用户可以通过银行转账、支票、信用卡和借记卡以及自动柜员机（ATM）从商业银行获取这些资金。

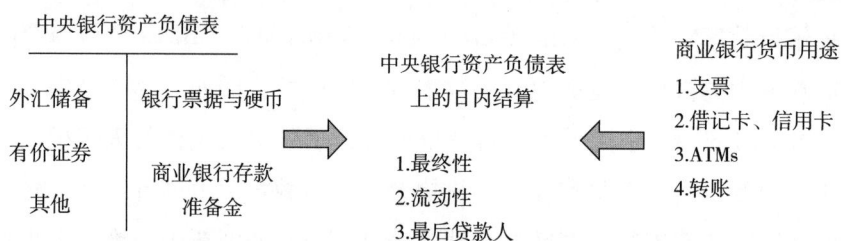

图1　货币的公私合作关系

［资料来源：国际清算银行（BIS）］

中央银行货币具有三个特点：一是最终性，即提供最终结算手段，消除支付过程中的残余风险；二是流动性，即产生日内结算流动性，为支付系统运转提供动力；三是特殊时期充当最后贷款人。这三个特征确保了货币体系的安全、可靠

和运行效率。此外，中央银行货币还有一个重要特征是中立性，作为一个非商业机构，中央银行是金融体系的信用中心。将中央银行数字货币与支付系统的现有元素进行比较，银行准备金可以看作商业银行专用的一种中央银行数字货币形式，用于支付系统中的银行间结算。商业银行使用中央银行货币作为最终结算资产，因为中央银行货币支付是最终的，没有信贷和流动性风险，所以中央货币结算是"终极"的，在金融体系中发挥着基础性作用。

第二，中央银行数字货币为中央银行发行的货币开辟了新的可能性，既可以直接供商业银行用于批发用途，也可以供社会大众用于零售场景。无论哪种情况，它们都可以通过中央账户提供，或者可以通过类似现金的电子代币提供，这取决于用户是否"持有"电子代币。

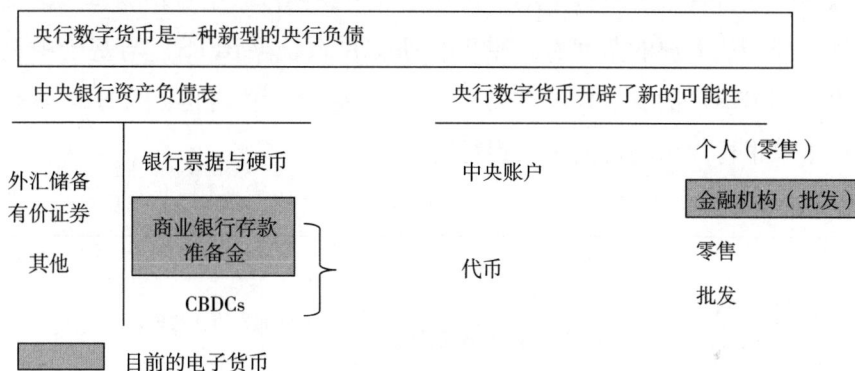

图2　什么是中央银行数字货币（CBDCs）

（资料来源：BIS）

由于商业银行的准备金已经数字化，其实际上已经成为中央银行数字货币的一种特殊表现形式。如今，各国中央银行也在探索基于代币的批发中央银行数字货币作为金融机构直接获取和支付的新方式，国际清算银行创新中心开展的 Helvetia① 项目表明，将代币化资产和中央银行货币整合在一起是可行的。

中央银行数字货币可能成为一种新的现金形式——"数字现金"，为普通公众提供获取资金的新手段，以作为实物现金的补充。以一个购物者购买价值100美元的商品为例：在现有的支付体系下，由于技术和操作上的原因，即使立即清

---

① Helvetia 项目是国际清算银行瑞士创新中心、瑞士国家银行（SNB）和金融市场基础设施运营商 SIX 之间的一项实验，成功地展示了将代币化资产和中央银行货币整合在一起的可行性。

算商家和消费者之间的交易，银行之间在中央银行资产负债表上的结算通常不是即时的。在延期结算的零售快速支付系统中，收款人承担信用风险，并在延迟期间持续累积，只有当所有转账净额在中央银行账簿上结算后，所有债权才被清偿，信用风险或流动性风险才得以消失。中央银行的制度安排以及中央银行货币具有最终性、流动性和最后贷款人的特点，使货币的支付结算更加安全。

第三，相同交易在基于中央银行数字货币的支付系统中要更加简单，货币支付只涉及将中央银行的债权从一个用户直接转移到另一个用户，不存在信用风险，货币并不体现在中介机构的资产负债表上，而是直接在中央银行的资产负债表上由安全、中立的中央银行数字货币进行实时结算。中央银行数字货币体系与传统货币体系相比，在运行机制和即时支付方式两个方面有所不同，但两种货币体系均以中央银行货币进行直接结算，这是以中央银行数字货币为基础的支付系统的典型特征。从用户的角度看，零售快速支付系统（RFPS）与基于中央银行数字货币（CBDCs）的支付体系非常相似（见表1），关键区别在于后者是一种提供独特中央银行货币功能的中央银行直接负债。

表1　　　零售快速支付系统（RFPS）与中央银行数字货币（CBDCs）对比

	零售快速支付系统（RFPS）	中央银行数字货币（CBDCs）
安全性（信誉和流动性作为结算资产）	有存款保险的商业银行负债，潜在的非银支付服务提供商	中央银行直接负债
终端用户的最终性	实时性，收款人可立即使用资金	实时性
大规模水平下的最终性	部分使用延期结算，其余使用实时结算（RTGS）	不存在此问题
普遍的可访问性	需要身份认证（基于账户）或非银行电子钱包（基于代币）	需要身份认证（基于账户）或通用（基于代币）
用户与商家成本	通常较低；可被监管	通常较低；可被中央银行设定
用户匿名性与保密性	被系统设计、银行与数据保护法所保护	被系统设计、银行与数据保护法所保护
新的数字化功能	—	可能实现可编程性与功能化
跨境使用	可与其他快速支付系统联动	依据不同 mCBDCs 设计选项可能具有优势

资料来源：BIS。

中央银行数字货币作为中央银行直接负债在某些情况下非常重要。用户在选择使用中央银行数字货币或商业银行资金时，主要考虑商业银行在整体服务方面的增值，以及用户对商业银行特有的安全感，这也是为什么存在银行监管，以及由中央银行提供复杂的支付清算系统的原因。但在极端情况下，商业银行仍然有可能发生挤兑，如金融危机时银行间市场的冻结，最终需要由中央银行通过充当最后贷款人来解决。

因此，中央银行数字货币需要在减少银行挤兑风险敞口、加强竞争以及提高用户支付清算体验三个方面取得平衡。需要特别指出的是，市场上存在的非官方加密货币和稳定币（和某个标的保持稳定兑换比例的加密货币）并没有获得中央银行支付清算等基础设施的背书支持，这是它们与中央银行数字货币的主要区别。

二、用户视角下的中央银行数字货币实践

第一，中央银行数字货币的使用体验和当前的数字支付非常类似。银行或支付服务提供商对用户进行合规审查，确保符合反洗钱和反恐怖融资的要求后，为用户开设一个账户或"钱包"，并及时处理支付欺诈案件。资金可以通过近乎不可见的后端安排，从银行账户、信用卡或其他支付服务转移到中央银行数字货币钱包。同时，用户也能够将中央银行数字货币转换为任何其他形式的货币，如银行账户中的资金、数字钱包或现金。

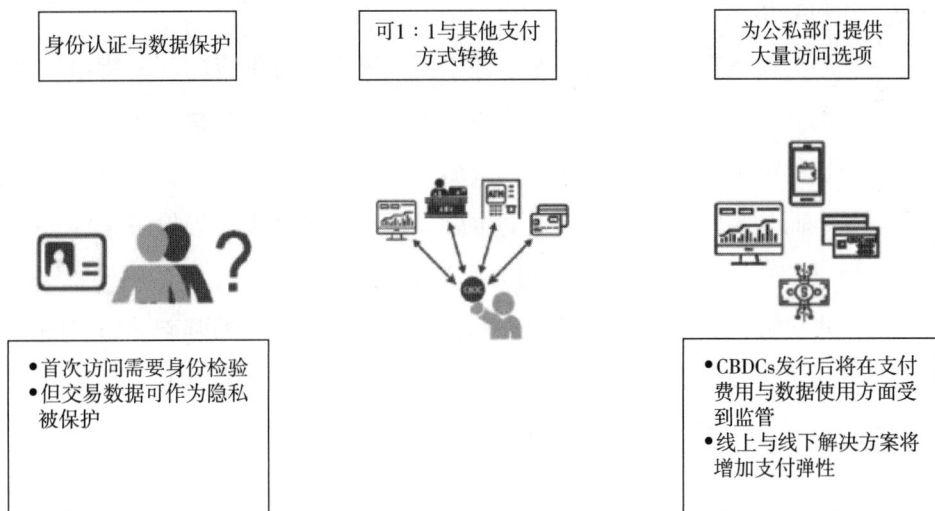

图3 CBDCs 的用户实践

（资料来源：R. Auer and R. Borhme, "Central bank digital currency：the quest for minimally invassive technology", BIS Working Papers, fortbcoming)

第二，中央银行数字货币可以通过各种支付设备进行交易。中央银行数字货币可以使用预付费设备、具有离线功能的信用卡、智能手机钱包以及其他科技应用集成式设备，与提供实物资金一样。为此，实现 CBDCs 的完全可兑换需要私营部门和公共部门的大量努力和合作，这也是各国与地区中央银行正在研究各种各样中央数字货币设计方案的重要原因。

第三，中央银行正在着手努力解决支付领域已经存在和正在出现的问题。长期以来，支付领域有两大痛点：一是信用卡支付和跨境支付有较高的支付成本，二是缺乏通用的数字支付工具。近期，一些大型科技公司和交易数据应用服务的其他提供者使用交易数据出现了一些治理问题，而中央银行数字货币的广泛使用可以创建一个更加高效的支付系统，并提高公众福利。

三、中央银行数字货币对金融体系的影响

数字货币发行和运营面临巨大的挑战，其成功与否不仅取决于中央银行，私营部门也发挥着关键作用。由于中央银行和商业银行紧密相连，中央银行数字货币体系建立后，中央银行和商业银行之间要建立一种新的动态平衡，确保金融体系的安全性和完整性。

第一，中央银行数字货币应遵循中性原则。中央银行供应的新型货币应继续对公共政策起到支持作用，不应干涉或损害中央银行货币政策执行效果以及维护金融体系稳定的能力。需要明确的是，遵循中性原则不是为了保护现有金融机构的既得利益，而是为创建一个更高效的金融体系和经济体系，确保中央银行高质量完成货币供给、维护金融稳定、促进经济增长的使命。

第二，中央银行数字货币体系的长远目标是建立一个新的基础设施。随着更多非银行机构进入支付市场，激烈的竞争将进一步降低交易费用，推动金融创新。私人提供商在受到严格监管的情况下收取小额交易费用，公共部门和私人部门之间在明确的规则下分担交易成本。虽然新参与者的大量涌入可能扰乱市场，但这是市场经济中一种自然而健康的过程。熊彼特（Joseph A. Schumpeter）的创造性破坏理论很好地解释了这一现象，这有利于帮助现代经济适应数字时代的要求并取得成功。

第三，支付领域已经出现数字化颠覆的趋势。大型科技公司的支付服务正在

快速增长，它们带来了包括金融包容性在内的许多好处，在中国等一些市场正在迅速占据主导地位，创造出"有围墙的花园"。这些变化对用户来说非常方便，但不利于形成闭环的数据保护体系，这些"有围墙的花园"可能破坏竞争给金融服务业带来的好处，对大型科技公司支持的稳定币来说，上述风险可能尤其大。

第四，中央银行数字货币体系不应将商业银行排除在外。商业银行要继续在储户和投资者之间发挥中介作用。挤兑仍然可能发生，各国中央银行都担心在压力时期商业银行对中央银行数字货币的"数字挤兑"，因此，需要采取一些措施来控制资金流入中央银行数字货币，这些限制的具体措施是当前争论的主题，需要进一步研究。

第五，是否对中央银行数字货币支付利息非常关键。这是影响中央银行数字货币最终规模的重大决策，由于现金并不支付利息，在大多数经济体中，流通中的现金规模与活期存款相比很小。因此，与金融体系整体相比，中央银行数字货币的规模也应该较小，中央银行数字货币应该主要作为一种支付手段，而不是价值储存手段。尽管如此，通过向用户提供普遍访问、低成本、注重数据隐私和安全性的货币，中央银行数字货币会对其他支付方式施加竞争压力。

第六，要进一步加强中央银行数字货币影响的研究。各国中央银行并不需要出于货币政策需求而发行中央银行数字货币，但是，中央银行数字货币的发行将改变货币政策的传导和执行，进而改变中央银行与商业银行之间的关系，影响其储备、基础货币和交易性货币需求。

四、中央银行数字货币应加强国际合作

第一，中央银行数字货币可以提高跨境支付的效率。中央银行数字货币无须创建一个新的全球账户单位，仅通过多边中央银行数字货币（mCBDCs）安排就可以改善中央银行数字货币的跨境支付结算问题，通过各国支付清算系统的兼容性改善、互联或国家间支付清算系统的整合，可以有效增强各国中央银行数字货币之间的互操作性。国际金融体系的未来一定取决于一种主权货币与另一种主权货币无缝兑换的便捷程度，各国中央银行多年来一直持续寻求这一问题的解决方案，多边中央银行数字货币协议可以从源头解决当前存在的问题，如各国支付系

统开放时间的差异、不同的通信标准，以及汇率或费用方面的不透明。

国际清算银行研究了实现这一目标可能的技术路径与模型：一是增强支付清算系统的兼容性；二是不同的支付清算系统通过共享的技术接口相互连接；三是将支付清算集成到统一的单个系统中。这三种模型并不仅停留在理论层面，对全球46家中央银行的调查表明，每种模型都在中央银行的考虑范围内，尽管应用工作仍处于初级阶段，但显而易见的是，中央银行数字货币互联互通正因为其独特优势具有广阔的前景。目前，国际清算银行所属创新中心正在与中国、中国香港特别行政区、泰国和阿拉伯联合酋长国的中央银行或货币当局合作开展 mCB-DCs "桥梁" 项目，测试新的跨境支付清算技术，并研究这些新技术的应用将带来哪些改变。

第二，中央银行数字货币可能带来货币替代风险。用户广泛使用外国中央银行数字货币，将带来 "数字货币的美元化"。实际上，各国中央银行都清楚地认识到，全球中央银行数字货币的应用将使用户更容易接触、使用除本币以外的外国数字货币，最近的调查研究也证实了存在这一风险。

迄今为止，大多数中央银行数字货币设计方案都基于账户，即与一个明确的身份识别挂钩，这使交易尤其是大型交易能够追踪到个人或实体。这种以账户为基础的中央银行数字货币，使发行货币的中央银行将保留跨境使用的控制权，中央银行可以通过限制非居民的进入降低流动性风险以及货币替代风险；而基于令牌的中央银行数字货币，通常应用于金额较小的交易，并具有明确的限制和保障措施。此外，强有力的法定货币条款也将会促进在国内支付中使用本国货币，从而防止货币替代风险。关键点在于，各国中央银行必须采取有效措施确保本币币值稳定。

第三，中央银行数字货币确实具有先发优势，但成为国际储备货币竞争或地缘政治工具的说法言过其实。各国中央银行只有在适应本国国情的情况下才会决定发行中央银行数字货币。一种货币只有受到一系列因素的推动才可能成为国际储备货币，这些因素包括使用该货币的金融市场的深度、效率和开放性，国际社会对其长期价值的信任，以及对其所依存的社会制度和法律基础设施的信心等。因此，中央银行数字货币不太可能仅仅因为其具有数字性质而成为一种全球储备货币。

第四，国际合作是当前问题的关键。各国中央银行正在货币问题上定期进行合作，中央银行数字货币的应用推广应该是全球合作的成果，而不是竞争的结果。目前，包括中国、欧盟、美国和所有其他主要经济体当局在内的 G20 协调机制将持续改善跨境支付效率。同时，国际清算银行也正通过在全球设立的创新中心，推动各国就数字货币展开合作。与此同时，全球协调的中央银行数字货币设计工作和多边中央银行数字货币安排也将为私人发行的稳定币或未考虑到社会目标的加密货币提供一个有价值的替代方案。各国中央银行在与本国社会密切磋商的前提下进行公开对话，从而得以推动形成更多更有效的成果。

五、未来展望

中央银行数字货币是为数字经济提供具有先进技术的中央银行货币。关键的创新之处在于中央银行数字货币提供了中央银行货币的独特特征，即安全、中立和最终。它不一定是每个司法管辖区的最佳选择，特别是零售快速支付系统能提供许多类似的好处，尤其对于用户来说，这二者可能看起来很相似，世界各地的中央银行都要依据各自社会的独特环境和目标发行中央银行数字货币。

金融机构等私营部门仍将在中央银行数字货币的设计、使用中发挥关键性的作用，即使中央银行数字货币可以提高效率并促进支付领域的创新竞争，但它不应颠覆当今的双层金融体系。

通过跨境合作，各国中央银行可以继续相互学习借鉴，抓住中央银行数字货币这一历史机遇，推动形成更加高效的跨境支付体系。中央银行数字货币将是互利共赢的全球合作成果，国际清算银行将继续为支持这项工作发挥重要作用。

政策传递

中国人民银行　银保监会　证监会

财政部　农业农村部　乡村振兴局

关于金融支持巩固拓展脱贫攻坚成果全面推进乡村振兴的意见

银发〔2021〕171号

为切实做好"十四五"时期农村金融服务工作，支持巩固拓展脱贫攻坚成果、持续提升金融服务乡村振兴能力和水平，现提出如下意见。

一、总体要求

（一）指导思想。以习近平新时代中国特色社会主义思想为指导，全面贯彻党的十九大和十九届二中、三中、四中、五中全会精神，深入落实中央经济工作会议、中央农村工作会议精神，按照《中共中央　国务院关于实现巩固拓展脱贫攻坚成果同乡村振兴有效衔接的意见》和《中共中央　国务院关于全面推进乡村振兴加快农业农村现代化的意见》部署，贯彻新发展理念，围绕巩固拓展脱贫攻坚成果、全面推进乡村振兴，创新金融产品和服务，健全金融组织体系，完善基础金融服务，引导更多金融资源投入"三农"领域，助力农业高质高效、乡村宜居宜业、农民富裕富足，为加快构建以国内大循环为主体、国内国际双循环相互促进的新发展格局提供金融支撑。

（二）总体目标。2021年，金融精准扶贫政策体系和工作机制同金融服务乡村振兴有效衔接、平稳过渡，各项政策和制度调整优化。存量金融精准扶贫贷款风险可控，对脱贫地区和脱贫人口的信贷支持接续推进，涉农贷款稳步增长，多元化融资渠道进一步拓宽。

到 2025 年，金融扶贫成果巩固拓展，脱贫地区和脱贫人口自我发展能力明显增强。金融服务乡村振兴的体制机制进一步健全，信贷、债券、股权、期货、保险等金融子市场支农作用有效发挥，农村信用体系建设深入推进，乡村振兴重点领域融资状况持续改善，金融服务乡村振兴能力和水平显著提升。

（三）基本原则。

1. 平稳过渡和梯次推进相结合。严格落实"四个不摘"要求，分层次、有梯度地调整优化金融帮扶政策，合理把握节奏、力度和时限，确保对脱贫地区和脱贫人口的金融支持力度总体稳定，切实巩固好脱贫攻坚成果。接续推进脱贫地区乡村振兴，支持脱贫地区通过发展产业、改善农业农村基础设施等，夯实发展基础，稳步提升发展水平。对符合条件的防止返贫监测对象，参照脱贫人口相关政策予以支持。

2. 统筹谋划和因地制宜相结合。按照巩固拓展脱贫攻坚成果、全面推进乡村振兴的统一部署，统筹谋划布局、增强政策合力，逐步实现由集中资源支持脱贫攻坚向全面推进乡村振兴平稳过渡。同时，鼓励各地结合发展实际，因地制宜探索形成特色化金融支持方案，加强典型经验的总结宣传推广。

3. 市场化运作和政策扶持相结合。充分发挥市场机制的决定性作用，综合运用货币政策、金融监管政策和考核评估手段，健全金融服务乡村振兴的体制机制，推动形成市场化、可持续的业务模式。发挥财政资金的引导和撬动作用，健全政府性融资担保和风险分担机制，提高金融机构开展涉农业务的积极性。

4. 鼓励创新和防控风险相结合。鼓励金融机构创新工作机制、产品体系和服务模式，加强金融科技手段运用，推出更多差异化金融产品和服务，持续提升农村金融服务质效。同时，督促金融机构强化信贷风险防控，规范法人治理和内控机制，加强贷款资金用途和质量监测。优化农村地区金融生态环境，坚决守住不发生系统性金融风险底线。

二、加大对重点领域的金融资源投入

（一）巩固拓展脱贫攻坚成果。过渡期内，保持主要金融帮扶政策总体稳定。加大对脱贫人口、易返贫致贫人口和有劳动能力的低收入人口的信贷投放，支持脱贫人口就业创业，增强可持续发展的内生动力。支持脱贫地区发展乡村特色产业，鼓励扩大对脱贫地区产品和服务消费，推动产品和服务"走出去"。继续做好易地搬迁后续帮扶工作，加大对易地搬迁安置区后续发展的金融支持力度。继续做好定点帮扶工作，选优配强干部，为帮扶地区提供政策、资金、信息、技术、人才等支持。

（二）加大对国家乡村振兴重点帮扶县的金融资源倾斜。在总结金融精准扶贫典型经验的基础上，鼓励和引导金融机构在产品和服务创新、信贷资源配置、资金转移定价、绩效考核等方面对国家乡村振兴重点帮扶县予以倾斜。过渡期内，国家开发银行、农业发展银行和国有商业银行应在依法合规、风险可控前提下，力争每年对全部国家乡村振兴重点帮扶县各项贷款平均增速高于本机构各项贷款平均增速。

（三）强化对粮食等重要农产品的融资保障。全力做好粮食安全金融服务，围绕高标准农田建设、春耕备耕、农机装备、粮食流通收储加工等全产业链制定差异化支持措施。鼓励有实力有意愿的农业企业"走出去"，支持培育具有国际竞争力和定价权的大粮商。继续做好生猪、棉、油、糖、胶等重要农产品稳产保供金融服务，促进农产品市场平稳健康发展。

（四）建立健全种业发展融资支持体系。建立重点种业企业融资监测制度，强化银企对接，对符合条件的育种基础性研究和重点育种项目给予中长期信贷支持，加大对南繁硅谷、制种基地和良种繁育体系的金融支持力度。鼓励天使投资、风险投资、创业投资基金加大对种子期、初创期种业企业和农业关键核心技术攻关的资金投入，支持符合条件的种业企业通过股权、债券市场进行直接融资。

（五）支持构建现代乡村产业体系。积极满足乡村特色产业、农产品加工业、农产品流通体系、农业现代化示范区建设、智慧农业建设、农业科技提升等领域的多样化融资需求，创新支持休闲农业、乡村旅游、农村康养、海洋牧场等新产业新业态的有效模式，推动农村一二三产业融合发展。发挥优质核心企业作用，加强金融机构与核心企业协同配合，因地制宜创新供应链金融产品。推动开展生产、供销、信用"三位一体"综合合作试点。推进现代农业全产业链标准化试点。支持创建产业强镇、农业产业化联合体。

（六）增加对农业农村绿色发展的资金投入。围绕畜禽粪污资源化利用、秸秆综合利用、农业面源污染综合治理、农村水系综合整治、国土绿化等领域，创新投融资方式。鼓励金融机构发行绿色金融债券，募集资金支持农业农村绿色发展。

（七）研究支持乡村建设行动的有效模式。在明确还款来源、收益覆盖成本、符合地方政府债务管理规定的基础上，鼓励金融机构创新金融产品，加大对乡村建设的中长期信贷支持力度，推动改善农村道路交通、水利、供电、供气、通信、人居环境整治、仓储保鲜冷链物流、农产品产地市场等基础设施，助力农村基础设施提档升级。

（八）做好城乡融合发展的综合金融服务。支持引导工商资本下乡，促进城乡要素双向流动，鼓励金融机构依法合规开发适应城乡融合发展需求的金融产品和服务模式。加大金融服务县域内城乡融合发展力度，支持县域打造特色主导产业和各类人员返乡入乡创业就业，增强县域经济发展实力。完善针对农村电商的融资、结算等金融服务。

三、丰富服务乡村振兴的金融产品体系

（一）大力开展小额信用贷款。做好过渡期脱贫人口小额信贷工作，强化户贷户用户还原则，继续对脱贫户和边缘易致贫户发放脱贫人口小额信贷，支持其发展生产和开展经营。做好脱贫人口小额信贷质量监测和续贷展期管理，符合条件的要及时启动风险补偿机制，推动脱贫人口小额信贷持续健康发展。进一步发展农户小额信用贷款，人民银行分支机构要根据当地经济发展情况，指导辖区内银行业金融机构制定完善农户小额信用贷款政策，合理确定贷款额度、利率、期限。

（二）创新开展产业带动贷款。将产业扶贫贷款调整为产业带动贷款，银行业金融机构根据经营主体带动脱贫人口、易返贫致贫人口和农村低收入人口数量，按照商业可持续原则，自主确定贷款的额度、利率、期限等，充分发挥经营主体的带动作用，促进小农户和现代农业发展有机衔接。

（三）开发新型农业经营主体贷款产品。鼓励银行业金融机构针对家庭农场、农民合作社、农业产业化龙头企业等新型农业经营主体特点，开发专属贷款产品，并在市场化、可持续的基础上积极开办新型农业经营主体贷款业务，增加首贷、信用贷。各地农业农村部门定期更新发布示范类新型农业经营主体名单，向银行业金融机构和政府性融资担保机构推送。

（四）加大民生领域贷款支持力度。继续实施创业担保贷款政策，逐步落实

免除反担保相关政策要求，切实满足脱贫人口、小微企业等主体创新创业资金需求。继续实施国家助学贷款政策，帮助高校家庭经济困难学生支付在校学习期间的学费、住宿费等，减轻高校家庭经济困难学生经济负担。

（五）拓宽农村资产抵押质押物范围。积极推广农村承包土地的经营权抵押贷款业务，大力开展保单、农机具和大棚设施、活体畜禽、圈舍、养殖设施等抵押质押贷款业务。在农村宅基地制度改革试点地区，依法稳妥开展农民住房财产权（宅基地使用权）抵押贷款业务。在具备条件的地区探索开展农村集体经营性资产股份质押贷款、农垦国有农用地使用权抵押贷款、农村集体经营性建设用地使用权抵押贷款、林权抵押贷款等业务。相关单位要继续完善确权登记颁证、价值评估、流转交易、抵押物处置等配套机制，加大动产和权利担保统一登记业务推广力度，畅通农村资产抵押质押融资链条。

（六）增加农业农村基础设施建设贷款投放。银行业金融机构要努力增加农村基础设施建设贷款和农田基本建设贷款投放，在风险可控前提下，鼓励根据借款人资信状况和偿债能力、项目建设进度、投资回报周期等，适当延长贷款期限，积极发放中长期贷款。对于国家乡村振兴重点帮扶县的基础设施建设项目，在不增加地方政府隐性债务风险的前提下，支持金融机构在审慎合规经营基础上，在授信审批、贷款额度、利率、期限等方面给予优惠。

（七）提升农业保险服务能力。扩大稻谷、小麦、玉米三大粮食作物完全成本保险和种植收入保险实施范围，将地方优势特色农产品保险以奖代补做法逐步扩大到全国，鼓励各地因地制宜创新地方优势特色农产品保险，增加特色产业保险品类，提高养殖保险覆盖面，提升天然橡胶保险保障水平。支持保费补贴资金向粮食主产区倾斜。完善农业再保险体系，健全农业大灾风险分散机制，鼓励降低脱贫地区再保险业务分保费率。

（八）进一步发挥保险保障作用。积极运用保险产品巩固脱贫成果，支持具备条件的地区开展商业防止返贫保险，逐步健全针对脱贫人口和农村低收入人口的保险产品体系。支持保险公司继续做好城乡居民大病保险承办工作，配合各地政府对特困人员、低保对象、返贫致贫人口等实施政策倾斜，包括降低起付线、提高报销比例、逐步取消封顶线等。鼓励保险公司加大产品创新力度，医疗保险产品可在定价、赔付条件、保障范围等方面对脱贫人口适当优惠。鼓励保险公司经办基本医保、医疗救助，实现不同医保制度间的有效衔接。鼓励保险公司围绕乡村振兴战略，开发相应的养老保险、健康保险产品。

（九）畅通涉农企业直接融资渠道。继续做好存量扶贫票据的接续工作，推广乡村振兴票据，支持企业筹集资金用于乡村振兴领域，鼓励募集资金向国家乡村振兴重点帮扶县倾斜。对脱贫地区继续实施企业上市"绿色通道"政策，继续支持符合条件的涉农企业在上海证券交易所、深圳证券交易所首发上市和再融资、在新三板市场挂牌融资。鼓励上市公司、证券公司等市场主体设立或参与市场化运作的脱贫地区产业投资基金和公益基金，通过注资、入股等方式支持脱贫地区发展。

（十）发挥期货市场的价格发现和避险功能。持续丰富农产品期货产品体系，上市更多涉农期货品种，完善期货合约和规则体系，提供更多符合乡村产业发展需求的标准化期货产品，引导带动农业经营主体提高农产品的标准化程度，努力实现"优质优价"。支持农业经营主体利用期货市场开展套期保值，优化套期保值审批流程，减免套期保值交易、交割和仓单转让手续费。发挥"保险＋期货"在服务乡村产业发展中的作用。鼓励期货公司风险管理子公司发挥专业优势，为乡村产业发展提供更加多元便捷的风险管理服务。

四、提升银行业金融机构服务能力

（一）健全农村金融组织体系。鼓励银行业金融机构建立服务乡村振兴的内设机构，国家开发银行和农业发展银行将扶贫金融事业部调整为乡村振兴部，鼓励国有商业银行和股份制商业银行设立专门的乡村振兴金融部或在相关部门下单列乡村振兴金融服务条线，下沉服务重心、延伸服务半径，保持农村地区尤其是脱贫地区网点基本稳定，支持打造乡村振兴金融服务特色支行或网点。农村商业银行、农村信用社等农村中小金融机构要强化支农支小定位，优化资金投向，合理控制用于非信贷业务的资金比例，加大涉农贷款投放力度。继续做好县域农村金融机构监督管理、风险化解、深化改革工作，督促其完善治理结构和内控机制，保持县域农村金融机构法人地位和数量总体稳定。

（二）改进内部资源配置和政策安排。鼓励银行业金融机构改革内部资金转移定价机制，加大对涉农业务的支持力度。对于国家乡村振兴重点帮扶县，全国性银行要制定明确的内部资金转移定价优惠方案，中小银行可结合自身实际合理确定优惠幅度。鼓励银行业金融机构完善内部绩效考核，在分支机构综合绩效考核中明确涉农业务的权重，并将金融管理部门对金融机构服务乡村振兴情况的考核评估结果纳入对分支机构的考核，与分支机构及其班子成员评先评优、薪酬激励、奖金分配挂钩。改进贷款尽职免责内部认定标准和流程，明确从业人员尽职免责范围，在有效防范道德风险的前提下，探索对涉农贷款不良率符合监管规定的业务网点，其从业人员免于问责。

（三）强化金融科技赋能。鼓励银行业金融机构运用大数据、云计算等技术，有效整合涉农主体的信用信息，优化风险定价和管控模型，提高客户识别和信贷投放能力，减少对抵押担保的依赖，逐步提高发放信用贷款的比重。发展农村数字普惠金融，依托 5G、智能终端等技术，开发线上服务平台或移动应用程序，推进全流程数字化的移动展业，支持涉农主体通过线上渠道自主获取金融服务，打造线上线下有机融合的服务模式，破解农村偏远地区网点布局难题。开展金融科技赋能乡村振兴示范工程，探索运用新一代信息技术因地制宜打造惠农利民金融产品与服务。

五、持续完善农村基础金融服务

（一）因地制宜深入推进农村信用体系建设。继续开展信用户、信用村、信用乡（镇）创建，鼓励开展符合地方实际的农村信用体系建设行动，不断提升乡村治理水平。支持市县构建域内共享的涉农信用信息数据库，用 3 年时间基本建成比较完善的新型农业经营主体信用体系，探索开展信用救助。支持有条件的地区设立市场化征信机构运维地方征信平台，引导市场化征信机构提供高质量的涉农征信服务。进一步完善金融信用信息基础数据库功能，扩大覆盖主体范围。

（二）持续改善农村支付服务环境。推动移动支付等新兴支付方式的普及应用，积极引导移动支付便民工程向乡村下沉。鼓励和支持各类支付服务主体到农村地区开展业务，鼓励符合"三农"特点的新型支付产品创新。巩固和规范银行卡助农取款服务发展。继续推广"乡村振兴主题卡"产品。推动支付结算服务从服务农民生活向服务农业生产、农村生态有效延伸，加强风险防范，持续开展宣传，不断提升农村支付服务水平。

（三）推动储蓄国债下乡。积极开展储蓄国债下乡活动，支持符合条件的农村商业银行加入国债承销团,进一步丰富农村居民购债渠道,鼓励承销团成员在农村销售储蓄国债。

(四)继续开展金融知识宣传教育和金融消费者权益保护。加强农村金融教育,开展集中性金融知识普及活动,推进金融教育示范基地建设。深入实施"金惠工程"项目,推动金融知识纳入国民教育体系,实现脱贫地区和脱贫人口金融宣传教育全覆盖,探索数字化智能化服务。提升农村居民数字金融能力,逐步弥合城乡数字鸿沟。畅通金融消费者投诉渠道,完善诉调对接、小额纠纷快速解决、中立评估等金融纠纷多元化解机制,加强农村地区金融消费者权益保护。

六、强化对银行业金融机构的激励约束

(一)强化对银行业金融机构服务乡村振兴的资金支持。对机构法人在县域且业务在县域的金融机构实施最优惠的存款准备金率。运用支农支小再贷款、再贴现等政策工具引导地方法人金融机构扩大对乡村振兴的信贷投放。存量扶贫再贷款可按照现行规定进行展期,适度向乡村振兴重点帮扶县倾斜。鼓励银行业金融机构多渠道补充资本,通过发行金融债券筹集资金,提高放贷能力,拓宽可贷资金来源。

(二)落实财税奖补政策和风险分担机制。积极宣传农户和小微企业金融服务税收优惠政策,提高政策知晓度和覆盖面。加强普惠金融发展专项资金保障,确保资金及时足额拨付到位。深化银担合作机制,逐步减少对贷款项目的重复调查和评估,明确风险分担比例和启动条件。充分发挥全国农业信贷担保体系、国家融资担保基金作用,坚持政策性定位,努力做大担保业务规模,根据合作担保机构支农业务规模降低或减免担保费用。加强对农业信贷担保体系的绩效评价,提高放大倍数在绩效评价中的权重,评价结果与中央财政奖补资金规模挂钩。推动地方政府在贷款清收处置等方面提供协助。

(三)加强考核评价和监管约束。过渡期内,对位于国家乡村振兴重点帮扶县的银行业金融机构,继续开展金融帮扶政策效果评估工作,督促金融机构加大对国家乡村振兴重点帮扶县的资源倾斜。全面开展金融机构服务乡村振兴考核评估,加强评估结果运用。适度提高涉农贷款风险容忍度,涉农贷款不良率高出自身各项贷款不良率年度目标3个百分点(含)以内的,可不作为监管部门监管评

价和银行业金融机构内部考核评价的扣分因素。落实好商业银行绩效评价办法。

七、加强组织领导

（一）系统总结宣传金融精准帮扶工作成效。各单位要深入总结提炼金融精准帮扶的典型模式、成功案例、经验做法和创新机制，充分利用传统媒体、新媒体平台等加大宣传力度，创新宣传形式、丰富宣传内容、拓宽宣传阵地，为全面推进乡村振兴提供借鉴。

（二）强化统计监测。用好金融支持巩固脱贫和乡村振兴信息系统，加强对脱贫县、脱贫村、脱贫人口的金融信息管理。将原"金融精准扶贫贷款"调整为"金融精准帮扶贷款"，根据国家乡村振兴局提供的脱贫信息名录，继续对银行业金融机构向脱贫地区和脱贫人口发放的贷款进行归口统计，为金融支持巩固拓展脱贫攻坚成果提供数据支撑。根据民政部、国家乡村振兴局等部门提供的农村低收入人口名录，探索建立相应的贷款监测机制。

（三）推进数据共享。鼓励各地整合农村土地确权、土地流转、农业补贴、税收、保险、乡村建设项目等涉农有效数据，并积极与金融机构等共享，推动缓解银企信息不对称。

（四）建立完善工作机制。人民银行分支机构要充分发挥牵头作用，加强与银行保险监督管理、证券监督管理、财政、农业农村、乡村振兴等部门的统筹协调，结合辖区实际细化政策措施，切实巩固好脱贫攻坚成果，提高金融服务乡村振兴实效。积极稳妥开展普惠金融服务乡村振兴改革试验区创建，加强各试验区金融支持乡村振兴经验的应用推广。

中国人民银行

银保监会

证监会

财政部

农业农村部

乡村振兴局

2021 年 6 月 29 日

金融机构服务乡村振兴考核评估办法

中国人民银行

中国银行保险监督管理委员会公告〔2021〕第 7 号

第一章 总 则

第一条 为全面贯彻落实《中共中央 国务院关于实施乡村振兴战略的意见》，把更多金融资源配置到农村经济社会发展的重点领域和薄弱环节，更好满足乡村振兴多样化金融需求，根据《中华人民共和国中国人民银行法》《中华人民共和国银行业监督管理法》等有关规定，制定本办法。

第二条 金融机构服务乡村振兴考核评估是指中国人民银行和银保监会依据金融服务乡村振兴有关政策规定，对银行业金融机构（以下简称金融机构）服务乡村振兴工作成效进行综合评估，并依据评估结果对金融机构实行激励约束的制度安排。

第三条 金融机构服务乡村振兴考核评估坚持客观、公正、公平原则，尊重金融机构依法合规自主经营。

第四条 中国人民银行和银保监会负责全国性金融机构法人的评估工作。中国人民银行省会（首府）城市中心支行以上分支机构和银保监会省一级派出机构、中国人民银行地市中心支行和银保监会同级派出机构按照本办法负责辖区内金融机构评估工作。

第五条 金融机构服务乡村振兴考核评估工作按年开展，考核评估期限为上年度 1 月 1 日至 12 月 31 日。

第二章 评估指标和方法

第六条 金融机构服务乡村振兴考核评估指标分为定量和定性两类，其中，定量指标权重75%，定性指标权重25%。

第七条　金融机构服务乡村振兴考核评估定量指标包括贷款总量、贷款结构、贷款比重、金融服务和资产质量五类，定性指标包括政策实施、制度建设、金融创新、金融环境、外部评价五类，另设加分项、扣分项。

第八条　金融机构服务乡村振兴考核评估定量指标数据按照《中国人民银行 中国银行业监督管理委员会关于建立〈涉农贷款专项统计制度〉的通知》（银发〔2007〕246号）、中国人民银行关于"两权"抵押贷款的专项统计制度、银保监会银行业普惠金融重点领域贷款数据及相关监测制度的规定采集。

第九条　中国人民银行和银保监会根据宏观审慎监管要求、乡村振兴战略实施进展和农村金融形势变化，结合金融机构涉农贷款业务占比、相关业务进展等具体情况，适时对相关定量指标和定性指标、对应权重、评分方法进行调整完善。

中国人民银行地市中心支行以上分支机构和银保监会同级派出机构可结合地方实际，对指标体系进行调整，并报上级机构备案。上级机构应当进行备案审查，发现问题应当予以纠正。

第三章　评估程序

第十条　金融机构应客观、真实、准确报送各项指标数据及资料，并于每年1月31日前（遇节假日自动顺延，下同）将相关材料加盖公章后报送所在地中国人民银行分支机构和银保监会同级派出机构。全国性金融机构总行按同样要求将各项数据及信息报送至中国人民银行和银保监会。

第十一条　中国人民银行地市中心支行以上分支机构与银保监会同级派出机构加强会商沟通，综合考虑辖区内金融机构日常经营情况共同确定评估结果，并报上级机构备案。中国人民银行、银保监会加强会商沟通，综合考虑全国性金融机构法人日常经营情况，共同确定全国性金融机构法人评估结果。

第十二条　中国人民银行省会（首府）城市中心支行以上分支机构和银保监会省一级派出机构应当汇总辖区内所有金融机构上年度服务乡村振兴考核评估结果，于每年3月31日前报中国人民银行和银保监会备案。

第四章　评估结果和运用

第十三条　对全国性金融机构按照资产规模、网点数量、客户群体等标准分组进行考核评分。中国人民银行地市中心支行以上分支机构和银保监会同级派出机构对辖区内金融机构，按照上述标准分组进行考核评分。

对规模较大的北京银行、上海银行、江苏银行等城市商业银行，由其总行所在地中国人民银行分支机构和银保监会同级派出机构进行评估。

第十四条 评估等次分优秀、良好、一般、勉励四档，其中：

综合得分≥平均值＋标准差，为优秀；

综合得分∈［平均值，平均值＋标准差），为良好；

综合得分∈［平均值－标准差，平均值），为一般；

综合得分＜平均值－标准差，为勉励。

第十五条 考核评估年度内金融机构存在评估数据弄虚作假或中国人民银行和银保监会认定的其他情形的，直接列为勉励档。

第十六条 对列入勉励档的金融机构，中国人民银行、银保监会视情节轻重依法采取约见金融机构主要负责人谈话等措施，督促其限期整改。

第十七条 中国人民银行和银保监会定期将评估结果抄送农业农村部等相关部门，并通过适当方式公开发布。

第十八条 加强评估结果运用，考核评估结果作为中国人民银行和银保监会按照各自职责开展以下工作时的重要参考依据：

（一）相关货币政策工具运用；

（二）银行间市场业务准入管理；

（三）在银行间市场开展金融产品创新试点；

（四）对金融机构开展综合评价和监管评级工作；

（五）对金融机构开展现场评估和现场检查工作；

（六）审批金融机构设立分支机构、调整业务范围和增加业务品种；

（七）对金融机构实施差别化监管等激励措施；

（八）建议对涉农贷款实施风险补偿；

（九）中国人民银行和银保监会认为适用的其他业务。

第五章 附 则

第十九条 本办法适用于国家开发银行，农业发展银行，国有商业银行、股份制商业银行，中国邮政储蓄银行，城市商业银行、民营银行、农村商业银行、农村合作银行、农村信用社、村镇银行。

第二十条 本办法由中国人民银行、银保监会负责解释。

第二十一条 本办法自 2021 年 7 月 4 日起施行。《关于鼓励县域法人金融机构将新增存款一定比例用于当地贷款的考核办法（试行）》（银发〔2010〕262号文印发）、《中国人民银行关于开展涉农信贷政策导向效果评估的通知》（银发〔2011〕181 号）同时废止。

附：

1. 金融机构服务乡村振兴考核评估指标体系（略）

2. 金融机构服务乡村振兴考核评估定量指标体系说明（略）

3. 金融机构服务乡村振兴考核评估定量指标评分方法（略）

中国人民银行关于做好 2022 年金融支持全面推进乡村振兴重点工作的意见

银发〔2022〕74 号

为深入贯彻中央经济工作会议、中央农村工作会议精神，认真落实《中共中央 国务院关于做好 2022 年全面推进乡村振兴重点工作的意见》工作部署，强化责任担当，积极主动作为，抓重点、补短板、强基础，加强资源配置，创新金融产品，优化金融服务，进一步提升金融支持全面推进乡村振兴的能力和水平，现提出如下意见。

一、全力做好粮食生产和重要农产品供给金融服务

（一）强化粮食安全金融保障。围绕高标准农田建设、春耕备耕、粮食流通收储加工等全产业链，制定差异化信贷支持措施，择优扶持一批风险可控、专注主业的粮食企业。支持国家粮食安全产业带建设。农业发展银行要发挥好粮食收购资金供应主渠道作用，及时足额保障中央储备粮增储、轮换和粮食最低价收购信贷资金供给。各金融机构要积极参与粮食市场化收购，主动对接粮食收购加工金融需求。

（二）加大对大豆、油料等重要农产品供给金融支持。围绕促进大豆和油料增产、"菜篮子"产品供给，优化信贷资源配置，持续加大信贷投入。依托主产区和重要物流节点，规范发展供应链金融服务，加大对重要农产品生产加工、仓储保鲜冷链物流设施建设等金融支持。积极开发适合油茶等木本油料特点的金融产品，适当放宽准入门槛、延长贷款期限，支持油茶规模化种植和低产林改造。

（三）做好农产品跨境贸易和农业社会化金融服务。鼓励农业进出口企业在

农产品跨境贸易中使用人民币计价结算。按照市场化原则，支持有实力有意愿的农业企业"走出去"。指导金融机构基于实需原则和风险中性原则，积极为农业进出口企业提供汇率避险服务，降低中小微企业汇率避险成本。各金融机构要创新金融产品和服务模式，支持农村集体经济组织、农民合作社等发展生产托管服务，推动提升农产品生产规模化社会化水平。

二、加大现代农业基础支撑金融资源投入

（四）加强种源等农业关键核心技术攻关金融保障。人民银行各分支机构要会同当地农业农村部门开展重点种业企业融资监测，强化政银企对接，加大对符合条件的农业生物育种重大项目中长期信贷投入，支持育种联合攻关、种业基地建设和优势种业企业发展。鼓励金融机构开展种业知识产权质押、存货和订单质押、应收账款质押等贷款业务，强化种业育繁推产业链的金融服务，提升现代种业企业融资便利度。

（五）创新设施农业和农机装备金融服务模式。鼓励金融机构拓宽农村资产抵质押物范围，开展农机具和大棚设施、活体畜禽、养殖设施等抵质押贷款。稳妥发展融资租赁等业务，缓解涉农主体购置更新农机装备资金不足问题。支持符合条件的农机装备研发企业发行公司信用类债券，拓宽资金来源，加快科研成果转化运用。

三、强化对乡村产业可持续发展的金融支持

（六）推动农村一二三产业融合发展。围绕农产品加工、乡村休闲旅游等产业发展特点，持续完善融资、结算等金融服务。积极推广农村承包土地的经营权、集体经营性建设用地使用权等抵质押贷款业务，对符合条件的农村集体经济发展项目给予优先支持。依托县域富民产业，丰富新型农业经营主体和小农户贷款产品，合理增加新型农业经营主体中长期信贷投放。支持符合条件的企业发行乡村振兴票据等债务融资工具促进乡村发展，引导社会资本投资特色优势产业。

（七）加强县域商业体系建设金融支持。各金融机构要围绕县域商业发展、

农村流通网络建设和县域市场主体培育，强化银企对接，加大信贷投放。结合县域商业实际使用场景，深化信息协同和科技赋能，为县域商贸、物流、供销企业和合作社提供资金结算、财务管理等服务。探索开发针对农村电商的专属贷款产品，打通农村电商资金链条。

（八）做好农民就地就近就业创业金融服务。人民银行各分支机构要加强与财政、人社等部门的协调联动，适当提高创业担保贷款额度，优化办理流程，落实免除反担保相关政策要求，支持符合条件的自主创业农民申请创业担保贷款。各金融机构要加大对农村创业创新园区及配套设施建设信贷资源投入，深化园区内银企对接，带动更多农民工、高校毕业生、退役军人等重点群体返乡入乡就业创业。

（九）拓宽农业农村绿色发展融资渠道。丰富"三农"绿色金融产品和服务体系，积极满足农业面源污染综合治理、畜禽粪污资源化利用、秸秆综合利用、国土绿化等领域融资需求。探索创新林业经营收益权、公益林补偿收益权和林业碳汇收益权等质押贷款业务。鼓励符合条件的金融机构发行绿色金融债券，支持农业农村绿色发展。人民银行各分支机构要积极运用碳减排支持工具，引导金融机构加大对符合条件的农村地区风力发电、太阳能和光伏等基础设施建设信贷支持。

四、稳步提高乡村建设金融服务水平

（十）强化对农业农村基础设施建设的金融支持。各金融机构要围绕农业农村基础设施建设、人居环境改造等重点领域，在不新增地方政府隐性债务前提下，根据借款人资信状况和偿债能力、项目投资回报周期等，探索开发合适的金融产品和融资模式，加大对乡村道路建设、供水工程改造、农村电网巩固提升等项目的信贷支持力度，积极投放中长期贷款。

（十一）推进县域基本公共服务与金融服务融合发展。各金融机构要依托线下网点，积极整合普惠金融、便民服务、农资农技等资源，加快涉农场景建设推广，增强网点综合化服务能力，提升缴费、查询、远程服务等便捷性。进一步加强金融与教育、社保、医疗、交通、社会救助等民生系统互联互通，推进县域基本公共服务便利化。

五、持续推动金融支持巩固拓展脱贫攻坚成果

（十二）加大对国家乡村振兴重点帮扶县等脱贫地区的金融资源倾斜。各金融机构要进一步细化针对脱贫地区特别是国家乡村振兴重点帮扶县的支持措施，在信贷准入、授权审批、资本计量等方面予以倾斜，保持脱贫地区信贷投放力度不减。国家开发银行、农业发展银行和国有商业银行要力争全年对全部国家乡村振兴重点帮扶县各项贷款增速高于本机构各项贷款增速。按市场化、可持续原则进一步加大对易地搬迁集中安置区的金融支持力度。做好脱贫人口小额信贷质量监测和续贷展期管理，推动符合条件的及时启动风险补偿，促进脱贫人口小额信贷健康发展。

（十三）持续做好定点帮扶工作。承担定点帮扶任务的金融机构要认真落实定点帮扶政治责任，深化"信守一个承诺、种好两块田地、建设三个工程"帮扶理念，发挥金融组织优势与社会协同能力，鼓励扩大帮扶地区产品和服务消费，形成市场化支农业务模式。要扎实做好帮扶地区信贷支持、资金捐赠、消费帮扶、干部培训、招商引资等工作，全面完成各项帮扶任务指标，把定点帮扶"责任田"打造成金融支持乡村振兴"示范田"。

六、提升金融机构服务乡村振兴能力

（十四）强化货币政策工具支持。进一步优化存款准备金政策框架，执行好差别化存款准备金率政策，引导机构法人在县域、业务在县域、资金主要用于乡村振兴的地方法人银行释放更多资金投入乡村振兴领域。人民银行各分支机构要继续加强支农支小再贷款、再贴现管理，强化精准滴灌和正向激励功能，提高政策支持普惠性，适度向乡村振兴重点帮扶县倾斜，加大对县域法人金融机构支持力度。

（十五）改进金融机构内部资源配置。各金融机构要健全服务乡村振兴的内设机构或业务条线，在信贷资源配置、产品服务创新等方面予以倾斜，加强"三农"人才队伍建设。对国家乡村振兴重点帮扶县，全国性银行要制定明确的内部资金转移定价优惠方案，中小银行可结合自身实际合理确定优惠幅度。各金融机

构要细化实化涉农信贷业务尽职免责制度，完善内部绩效考核，将金融管理部门对金融机构服务乡村振兴考核评估结果纳入对分支机构的考核。鼓励商业性金融机构发行"三农"专项金融债券，拓宽可贷资金来源。

（十六）稳妥推进农村信用社改革化险。进一步压实地方党政风险处置责任，遵循市场化、法治化原则，稳步推进农村信用社深化改革化险工作，保持商业可持续的县域法人地位长期总体稳定。继续支持发行地方政府专项债券，用于补充中小银行资本。坚持农村信用社服务当地、服务小微和"三农"、服务城乡居民的定位，严格约束异地经营行为。各省、自治区农村信用社联合社要明确职能定位，落实"淡出行政管理"的要求，因地制宜做优做强行业服务功能。

（十七）强化金融科技赋能乡村振兴。继续深入实施金融科技赋能乡村振兴示范工程，发展农村数字普惠金融。各金融机构要充分运用大数据、云计算、第五代移动通信（5G）等新一代信息技术，优化风险定价和管控模型，有效整合涉农主体信用信息，提高客户识别和信贷投放能力，减少对抵押担保的依赖，积极发展农户信用贷款。

七、持续改善农村基础金融服务

（十八）深入推进农村信用体系建设。继续开展"信用户""信用村""信用乡（镇）"创建，完善各级涉农信用信息系统，因地制宜建设地方征信平台，精准识别各类农村经济主体信用状况，以信用建设促进信用贷款投放。积极推进新型农业经营主体信用评价，加快建设新型农业经营主体信用体系。探索开展信用救助，创新信用评价结果运用。

（十九）持续提升农村支付服务水平。巩固优化银行卡助农取款服务，支持银行卡助农取款服务点与农村电商、城乡社会保障等合作共建，推动支付结算从服务农民生活向服务农业生产、农村生态有效延伸。推广完善"乡村振兴主题卡"等特色支付产品，推动移动支付便民工程向县域农村下沉。加大央行存款账户业务线上渠道推广，支持农村金融机构开展央行存款账户资金归集。通过金融基础设施互联互通支持货币政策工具券款对付（DVP），实现融资等环节全流程自动化处理，加速政策资金到账速度。

（二十）持续推进储蓄国债下乡。人民银行各分支机构要结合实际制定符合当地特色的储蓄国债下乡工作措施，推动提高农村地区国债发行额度分配比重，引导金融机构将储蓄国债发行额度向农村地区适度倾斜。深入推进农村地区国债宣传工作，拓展销售渠道，让更多农民群众"足不出村"享受购债便利。

（二十一）加强农村金融知识宣传教育和金融消费权益保护。继续将农村居民列为金融知识普及教育和金融消费权益保护的重点对象，开展好集中性金融知识普及活动。结合农村地区金融教育基地建设，常态化开展风险警示教育，推动金融素养教育纳入农村义务教育。持续畅通普惠金融重点人群权利救济渠道，压实金融机构投诉处理主体责任，推进金融纠纷多元化解机制建设，用好"总对总"在线诉调对接工作机制，加强调解员队伍建设，强化金融纠纷调解专业性，进一步提升金融消费者对金融纠纷调解的认知度、参与度和认可度，切实维护其合法权益。

八、加强考核评估和组织宣传

（二十二）强化统计监测与考核评估。完善乡村振兴金融服务统计制度，根据实际需要调整指标定义内涵，开展数据质量评估。用好金融支持巩固脱贫和乡村振兴信息系统，加强脱贫人口金融信息管理。开展金融机构服务乡村振兴考核评估，强化评估结果运用，切实发挥评估工作对进一步改进乡村振兴金融服务的积极作用。国家乡村振兴重点帮扶县的人民银行分支机构要在原金融精准扶贫政策效果评估办法的基础上，调整优化评估指标，对辖区内金融机构开展金融帮扶政策效果评估。

（二十三）加强组织协调和宣传推广。人民银行各分支机构要充分发挥牵头作用，加强部门间统筹协调，指导辖区内金融机构细化政策措施，抓好贯彻落实。支持符合条件的地区开展普惠金融服务乡村振兴试点示范，探索金融服务乡村振兴有效途径。及时总结提炼工作经验和典型模式，充分利用传统媒体和网络媒体，采取群众喜闻乐见的形式加强政策宣传，为金融支持乡村振兴营造良好氛围。

中国人民银行

2022 年 03 月 30 日

《中国支付清算》 征稿启事

　　《中国支付清算》（按季出版）是由中国支付清算协会主办、中国金融出版社出版发行的、以支付清算结算为研究对象的国家级出版物。《中国支付清算》将授予本书确定的相关学术资源数据库和网站、微信公众号电子版权。凡向《中国支付清算》投稿的作者，视为同意上述授权，本书支付给作者的稿酬已包含上述数据库和微信公众号著作权使用费。

　　《中国支付清算》设有特约评论、行业聚焦、经济观察、理论研究、政策解读、统计分析、案例研究、国际观察、金融账户、金融工具、金融基础设施、金融监管、金融创新、金融科技、金融标准、金融普惠、反洗钱、法律探讨、风险管理、经验推介、金融知识、金融译林、金融史话、社会责任、基层声音等栏目。每辑栏目根据所录文章灵活设置。

　　《中国支付清算》紧紧围绕"宣传党中央、国务院经济金融工作部署，跟踪支付清算发展，研究支付清算理论、探讨支付清算实务、促进产业健康发展"的宗旨，密切关注国内国际支付清算发展的理论成果和改革动态，涉及国内外支付服务组织、账户管理、支付工具、金融基础设施、市场监管等主要内容，同时兼顾相关经济金融领域的重要问题，具有较强的专业性、理论性、实务性和学术性。

　　《中国支付清算》服务支付产业发展，贴近监管和市场，平台高、影响面广。欢迎支付清算行业从业人员、高等院校和研究机构等社会各界人士投稿，思想性强、逻辑严密、写作规范的稿件优先编发，并择优在中国支付清算论坛支付清算学术研讨会上介绍交流；在征得作者同意的前提下，通过专门工作机制择优向英国《支付战略与体系》期刊（*Journal of Payments Strategy & Systems*，JPSS，英国亨利·斯图尔特出版社出版的银行和金融业系列刊物之一）推荐。

为规范《中国支付清算》用稿，提高编辑质量和效率，请投稿者务必遵守《〈中国支付清算〉稿件要求和体例》。本书只接受电子版投稿，投稿邮箱为：huikanzhuanyong@ pcac. org. cn。投稿文档请按如下格式标明，并同时标注于邮件主题上："投稿日期_作者_文章名"。

投稿文章须为原创作品，文责自负。凡投寄本书的稿件，请务必注明参考文献。翻译稿件请务必获得原作者授权并注明出处。请勿一稿多投，严禁抄袭，查重率不得高于10%。投稿后三个月内未收到用稿反馈的，可自行处理。在编辑出版过程中，如遇到他书（刊）采用的，请作者及时告知，以免造成重复编发。

投稿者还可关注中国支付清算协会官方网站（http：//www. pcac. org. cn）和微信公众号（中国支付清算协会），获取中国支付清算协会和《中国支付清算》的出版资讯、学术活动、征稿主题等相关信息。